Mager · Lernziele und Unterricht

Robert F. Mager

Lernziele und Unterricht

Aus dem Amerikanischen
übersetzt von Hermann Rademacker

Beltz Verlag · Weinheim und Basel

Titel des amerikanischen Originals:
Preparing Instructional Objectives,
Copyright 1975, 1962 Fearon Publishers, Inc., Belmont, California

CIP-Kurztitelaufnahme der Deutschen Bibliothek

Mager, Robert F.:
Lernziele und Unterricht / Robert F. Mager.
Aus d. Amerikan. übers. von Hermann Rademacker.
– Nach d. überarb. Neuausg. 1977, 151 – 154. Tsd.
– Weinheim ; Basel : Beltz, 1983.
    (Beltz-Bibliothek ; 2)
    Einheitssacht.: Preparing instructional
    objectives < dt. >
    ISBN 3-407-18113-2
NE: GT

Nach der überarbeiteten Neuausgabe 1977

151.–154. Tausend 1983

© 1965, 1977 Beltz Verlag · Weinheim und Basel
Gesamtherstellung: Beltz Offsetdruck, 6944 Hemsbach über Weinheim
Printed in Germany

ISBN 3 407 18113 2

Vorwort

Es war einmal ein Seepferdchen, das eines Tages seine sieben Taler nahm und in die Ferne galoppierte, sein Glück zu suchen. Es war noch gar nicht weit gekommen, da traf es einen Aal, der es ansprach: „Psst. Hallo, Kumpel. Wo willst du hin?"

„Ich bin unterwegs, mein Glück zu suchen," antwortete das Seepferdchen stolz.

„Da hast du's ja gut getroffen," sagte der Aal, „für vier Taler kannst du diese schnelle Flosse haben, damit kommst du viel besser voran."

„Ei, das ist ja prima," sagte das Seepferdchen, bezahlte, zog die Flosse an und glitt mit doppelter Geschwindigkeit von dannen. Bald kam es zu einem Schwamm, der sagte:

„Psst. Hallo, Kumpel. Wo willst du hin?"

„Ich bin unterwegs, mein Glück zu suchen," antwortete das Seepferdchen.

„Da hast du's ja gut getroffen," sagte der Schwamm, „für ein kleines Trinkgeld überlasse ich dir dieses Boot mit Düsenantrieb; damit könntest du viel schneller reisen."

Da kaufte das Seepferdchen von seinem letzten Geld das Boot und sauste mit fünffacher Geschwindigkeit durch das Meer. Bald traf es auf einen Haifisch, der fragte:

„Psst. Hallo, Kumpel. Wo willst du hin?"

„Ich bin unterwegs, mein Glück zu suchen," antwortete das Seepferdchen.

„Da hast du's ja gut getroffen. Wenn du diese kleine Abkürzung machen willst," sagte der Haifisch und zeigte auf seinen geöffneten Rachen, „sparst du eine Menge Zeit."

„Ei, vielen Dank," sagte das Seepferdchen und sauste in das Innere des Haifisches.

Die Moral der Geschichte: wenn man nicht genau weiß, wohin man will, landet man leicht da, wo man gar nicht hin wollte.

Ehe Sie Unterricht planen, ehe Sie über Unterrichtsverfahren, Unterrichtsinhalte oder -materialien entscheiden, müssen Sie wissen, was Sie als Ergebnisse des Unterrichts erwarten. Eine klare Beschreibung der Ziele ist eine solide Grundlage für die Auswahl von Verfahren und Materialien sowie für die Entscheidung über Meßverfahren (Prüfungsaufgaben, Tests), mit denen man feststellt, ob der Unterricht erfolgreich war. Dieses Buch handelt von der Beschreibung solcher Unterrichtsziele. Es beschreibt und erläutert ein Verfahren, mit dem solche Zielbeschreibungen entwickelt werden können; es bietet damit zugleich ein Verfahren, sich über eigene Unterrichtsabsichten klar zu werden und diese dann auch anderen mitzuteilen. Das Buch bietet eine Übungsanleitung und schließlich die Gelegenheit, die erworbenen Fertigkeiten zu überprüfen.

Dieses Buch handelt **weder** davon, *wer* Unterrichtsziele auswählen soll, **noch** davon, *wie* man vorgeht, wenn man Unterrichtsziele auswählt. Dieses sind sicher wichtige Fragen, aber sie sind nicht das Thema dieses Buches.

Es wird vorausgesetzt, daß Sie an der Planung und Entwicklung wirksamen Unterrichts interessiert sind, daß Sie Ihren Schülern gewisse Fertigkeiten und Kenntnisse vermitteln wollen und daß Sie diese so vermitteln wollen, daß Ihre Schüler hinterher das Erreichen dieser Ziele, die Sie oder jemand anders ausgewählt haben, zeigen können. (Wenn Sie *nicht* daran interessiert sind, daß Ihre Schüler das Erreichen Ihrer Unterrichtsziele zeigen können, dann haben Sie das Buch an dieser Stelle beendet.)

Los Altos Hills, California   Robert F. Mager
Mai 1975

Inhaltsverzeichnis

Hinweis

Teile dieses Buches sind anders angeordnet, als Sie es von den meisten Büchern kennen, die Sie gelesen haben. Auf vielen Seiten wird Ihnen eine Frage gestellt: in diesem Fall wählen Sie bitte die beste Antwort und schlagen dann die Seite auf, deren Seitenzahl neben der Antwort steht. Auf diese Weise entspricht der Text, den Sie lesen, Ihren Bedürfnissen und Sie werden beim Lesen nicht durch überflüssige Erklärungen abgelenkt.

Lesen Sie weiter auf Seite 1.

1. Ziele

Unterricht ist in dem Maße effektiv, in dem er bewirkt, daß:

– die Schüler sich verändern
– und zwar in erwünschter Richtung
– und nicht in unerwünschten Richtungen.

Wenn Unterricht nicht dazu führt, daß jemand sich ändert, so hat er keine Wirkung, keine Kraft. Wenn er dazu führt, daß sich ein Schüler in unerwünschter anstatt in erwünschter Richtung ändert (d.h. wenn er unerwünschte Nebenwirkungen hat, wie zum Beispiel die Zerstörung der Motivation), so ist er nicht als wirksam anzusehen; es ist vielmehr schlechter, unerwünschter oder gar schädlicher Unterricht. Unterricht ist in dem Maße erfolgreich oder wirksam, wie er dazu führt, daß das Angestrebte erreicht wird. Wenn Sie sich entscheiden, jemanden etwas zu lehren, so sind als Voraussetzungen für erfolgreichen Unterricht eine Reihe von Arbeiten zu erledigen. So müssen Sie u.a. prüfen, ob für diesen Unterricht ein Bedarf besteht; dazu müssen Sie sicherstellen, daß 1. ein Grund dafür vorliegt, etwas zu lernen, 2. daß Ihre Schüler nicht bereits wissen, was Sie lehren wollen. Weiter müssen Sie die Ergebnisse oder Zielsetzungen des Unterrichts klar benennen. Außerdem müssen Sie die Lernerfahrungen, die Sie Ihren Schülern vermitteln wollen, unter Berücksichtigung von Gesetzmäßigkeiten des Lernens auswählen und planen, und Sie müssen die Leistungen Ihrer Schüler entsprechend den ursprünglich ausgewählten Zielen bewerten. Mit anderen Worten: Sie müssen als erstes entscheiden, wohin Sie wollen, müssen dann die Mittel schaffen und bereitstellen, mit denen Sie dorthin gelangen und müssen schließlich prüfen, ob Sie angekommen sind.
Die dafür notwendigen Arbeitsschritte gliedern sich in die folgenden drei Phasen: Analyse, Entwurf und Durchführung; für die Ausführung dieser Schritte stehen eine Vielzahl von Verfahren und Techniken zur Verfügung. In der Analysephase beispielsweise sollten die folgenden Fragen beantwortet werden:

Liegt überhaupt ein Problem vor, das der Lösung bedarf?
Ist Unterricht ein sinnvoller Teil der Lösung?
Wenn ja, was sollte dieser Unterricht leisten?

Schließlich ist zu bedenken, daß Unterricht nur eine von vielen möglichen Lösungen für Probleme menschlichen Verhaltens ist – und zwar nicht einmal die am häufigsten benötigte. Wenn nicht eine sorgfältige Analyse durchgeführt wird, bevor der Unterricht geplant wird, kann es leicht geschehen, daß ein großartiger Lehrgang entsteht, der niemandem nützt. Ein Lehrgang, den niemand braucht, liegt dann vor, wenn dieser Lehrgang keinen Bezug zu den Problemen hat, die Anlaß für seine Entwicklung waren, oder weil er Dinge „lehrt", die die Schüler bereits wissen. Techniken wie Verhaltensanalyse[1] und Zielanalyse[2] können helfen, solche unnützen Übungen zu vermeiden.

Wenn die Analyse ausgeführt ist (und das kann wenige Minuten oder auch einige Monate in Anspruch nehmen) und wenn sie aufzeigt, daß Unterricht notwendig ist, werden Unterrichtsziele abgeleitet; diese sind die wichtigsten Ergebnisse, die durch den Unterricht erreicht werden sollen. Mit anderen Worten: Die hier ermittelten Ziele sind die Antwort auf die Frage: „Was ist wert, gelehrt zu werden?". Anschließend daran werden dann Instrumente (Tests) entwickelt, mit denen der Erfolg des Unterrichts überprüft werden kann.

Erst wenn diese Schritte getan sind, wird der tatsächliche Unterricht entworfen, erprobt, überarbeitet und schließlich in die Praxis umgesetzt. Es ist wichtig, sich zu merken, daß der Entwurf von Zielbeschreibungen erst begonnen werden kann, wenn diese Analysephase ganz oder wenigstens fast beendet ist. Dies ist ein wichtiger Punkt, denn Sie hören oder lesen häufig: „als erstes müssen Unterrichtsziele beschrieben werden" oder: „Unterrichtsziele werden beschrieben, bevor der Unterricht geplant wird"; solche Aussagen sollten Sie übersetzen in: „nachdem die Analyse ausgeführt ist, werden *dann* Unterrichtsziele beschrieben, *bevor* der Unterricht geplant wird".

Dieses Buch handelt von den *Merkmalen* einer zweckmäßigen Zielbeschreibung; es handelt nicht von der Auswahl oder Ermittlung von Unterrichtszielen. Dieses Buch beschränkt sich darauf, bei der genaueren Beschreibung und Mitteilung solcher Unterrichtsabsichten zu helfen, von denen Sie oder andere entschieden haben, daß sie erreicht werden sollen. Wenn dieses Buch seinen Zweck erfüllt, werden Sie in der Lage sein, die Merkmale einer guten Zielbeschreibung, die Ihnen vorgelegt wird, zu erkennen. Wenn Sie in der Lage sind, die wünschenswerten Merkmale zu erkennen, werden Sie auch in der Lage sein, Ihre eigenen Zielbeschreibungen durch Veränderung von Entwürfen so zu formulieren, daß sie diesen Merkmalen entsprechen.

Genauer:

Wenn Ihnen eine beliebige Zielbeschreibung aus einem Ihnen vertrauten Sachgebiet vorgelegt wird, werden Sie in jedem Fall in der Lage sein, die Tätigkeit, die Bedingungen ihrer Ausführung und die Kriterien für eine akzeptable Leistung zu erkennen (benennen), sofern einige oder alle dieser Merkmale vorhanden sind.

Um Ihnen zu helfen, dieses Ziel zu erreichen, werden zunächst einige der Vorteile beschrieben, die man aus einer sorgfältigen Beschreibung von Unterrichtszielen ziehen kann; dann werden die Merkmale einer zweckmäßigen Zielbeschreibung aufgeführt und erläutert und anschließend werden einige Übungen zum Erkennen solcher Zielbeschreibungen angeboten. Am Ende schließlich werden Sie Gelegenheit haben, festzustellen, wie erfolgreich Ihre Anstrengungen waren.

---

1 R. F. Mager, Peter Pipe: Verhalten, Lernen, Umwelt, Weinheim, Beltz 1973[2]
2 R. F. Mager: Zielanalyse, Weinheim, Beltz 1975[2]

2. Weshalb wir uns um Ziele kümmern

In einer Zielbeschreibung wird die Tätigkeit oder die Leistung benannt, die Ihre Schüler zeigen können sollen, wenn Sie sie als kompetent ansehen. Eine Zielbeschreibung bezeichnet ein beabsichtigtes Ergebnis von Unterricht – es beschreibt nicht den Ablauf des Unterrichts.

Ziele sind aus einer Vielzahl von Gründen wichtig. Hier die drei wichtigsten: 1. Wenn klar definierte Ziele fehlen, gibt es keine solide Grundlage für die Auswahl oder die Gestaltung von Unterrichtsmaterialien, Inhalten oder Verfahren. Wenn Sie nicht wissen, wohin Sie wollen, ist es schwer, geeignete Mittel auszuwählen, um dorthin zu gelangen. Schließlich wählen auch Handwerker oder Chirurgen ihr Werkzeug nicht aus, bevor sie wissen, welche Operationen bzw. Reparaturen sie ausführen wollen. Ebensowenig schreiben Komponisten eine Partitur, bevor sie sich nicht darüber klar sind, welche Wirkung sie erreichen wollen. Die Erbauer von Häusern entscheiden auch nicht über das Baumaterial und die Bauausführung, bevor sie die Baupläne (Ziele) vor sich liegen haben. Zu oft jedoch hört man Lehrer über die Vorzüge von Lehrbüchern gegenüber Filmkassetten oder von Klassenräumen gegenüber Laborräumen diskutieren, ohne daß sie je festgelegt haben, was sie durch eine bestimmte Methode oder ein Verfahren erreichen wollen. Lehrer arbeiten im Nebel ihres eigenen Tuns, wenn sie nicht wissen, was ihre Schüler als Ergebnis ihres Unterrichts erreicht haben sollen.

Ein zweiter wichtiger Grund für die Festlegung von Unterrichtszielen hat unmittelbar damit zu tun, daß man hinterher feststellen kann, ob sie erreicht wurden. Tests oder Prüfungen sind die Meilensteine auf dem Weg des Lernens; sie sollen Lehrern und Schülern in gleicher Weise sagen, ob sie die Ziele des Lehrgangs erreicht haben. Aber wenn die Ziele nicht klar und fest in den Vorstellungen beider Seiten verankert sind, sind die Tests bestenfalls irreführend – im schlimmsten Fall sind sie bedeutungslos, ungerecht und uninformativ (an wievielen Lehrgängen haben Sie schon teilgenommen, deren Tests nichts oder nur wenig mit den wesentlichen Inhalten des Unterrichts zu tun hatten?). Testaufgaben, die messen sollen, ob wichtige Unterrichtsergebnisse erreicht wurden, können auf intelligente Weise nur dann ausgewählt oder erfunden werden, wenn die angestrebten Unterrichtsergebnisse offen benannt sind.

Ein dritter Vorteil klar definierter Unterrichtsziele liegt darin, daß sie auch dem Schüler eine Grundlage für die Planung seiner eigenen Anstrengungen zum Erreichen dieser Ziele bieten. Die Erfahrung zeigt, daß Schüler, die klare Ziele vor Augen haben, in allen Ausbildungsbereichen besser entscheiden können, welche Handlungen geeignet sind, dahin zu kommen, wo sie hinwollen. Mit klarem Ziel vor Augen ist es nicht mehr notwendig, durch „psychologische Studien" die Absichten des Lehrers zu erkunden. Wie Sie selber wahrscheinlich wissen, verwenden Schüler einen erheblichen Teil ihrer Zeit und Mühe darauf, die Eigenheiten ihres Lehrers zu erkennen, wenn es dem Lehrer nicht gelingt oder er sich weigert, die Schüler in die Geheimnisse dessen, was sie lernen sollen, einzuweihen. Unglücklicherweise sind derartige Kenntnisse sehr oft nützlich für solche Schüler, die einen besonderen „Riecher" haben. Ihnen kann es gelingen, daß sie auf äußerst elegante Weise den Unterricht durchlaufen und dabei nichts weiter als eine Handvoll Tricks anwenden, die geeignet sind, den Lehrer „auf den richtigen Weg" zu bringen.

Zielbeschreibungen sind weiter nützlich als eine solide Grundlage 1. für die Auswahl oder den Entwurf von Unterrichtsinhalten und -verfahren, 2. für die Bewertung oder Feststellung der Unterrichtsergebnisse und 3. für die Schüler zur Planung ihrer eigenen Anstrengungen und Handlungen mit dem Ziel, die dem Unterricht zugrundeliegenden Absichten zu erfüllen. Kurz gesagt: Wenn Sie wissen, wohin Sie wollen, haben Sie bessere Aussichten anzukommen.
Es gibt weitere Vorteile; so ist von nicht geringem Wert, daß Sie bei der Ableitung und Beschreibung von Unterrichtszielen gezwungen sind, sehr ernsthaft und gründlich darüber nachzudenken, welche Ziele unterrichtenswert sind und worauf es sich lohnt, Zeit und Anstrengung zu verwenden. Und wenn Sie Zielsetzungen beschrieben haben, für die es bereits Lehrgänge oder Unterrichtsplanungen (Curricula) gibt, so sind diese Zielbeschreibungen ein gutes Mittel, um den Wert dieser bereits vorhanden Unterrichtsmaterialien einzuschätzen – und Sie können darüber hinaus Grundlage zu deren Verbesserung sein.

Eine grundlegende Unterscheidung

Bevor wir die Einzelheiten der Merkmale von zweckmäßigen Zielbeschreibungen betrachten, soll sichergestellt werden, daß wir dabei an dieselbe Sache
denken. Eine Zielbeschreibung ist eine Aussage, die ein Unterrichtsergebnis
bezeichnet und nicht den Unterrichtsablauf oder das Unterrichtsverfahren. Sie
beschreibt Ergebnisse und nicht die Mittel, mit denen diese Ergebnisse
erreicht werden sollen.

Sehen Sie sich jetzt die folgende Aufgabe an und beantworten Sie dann die
Frage. Schlagen Sie anschließend die Seite auf, deren Seitenzahl neben der von
Ihnen ausgewählten Antwort steht:

*„Ein allgemeiner Überblick über Aufbau und Verwaltung der Bibliotheken an
Grundschulen und an weiterführenden Schulen unter besonderer Beachtung
der Methoden, die Bibliothek zu einem integrierenden Bestandteil der Schule
zu entwickeln. Eingeschlossen sind Aufgaben, Organisation, Büchereidienst,
Ausrüstung und Material."* Was stellt dieser Text dar? Bezeichnet er eher das
Ziel des Unterrichts oder die Beschreibung des Unterrichts?

Ziel des Unterrichts . . . . Seite 11
Beschreibung des Unterrichts . . . . Seite 13

8

Hier ein Beispiel, wie der Schüler im Klassenunterricht bei seinem Versuch, ein Ziel zu erreichen, behindert werden kann, wenn eine sorgfältige Bestimmung dieser Ziele fehlt. In einer staatlichen Ausbildungsanstalt wurde ein Kurs über Bedienung und Reparatur großer, komplizierter elektronischer Anlagen durchgeführt. Das Ziel des Kurses wurde einfach wie folgt beschrieben:

„Bedienung und Wartung der elektronischen Anlage XYZ."

Da es (wegen der außerordentlich hohen Kosten) nicht möglich war, jedem Schüler ein eigenes Übungsgerät zu geben, entschied man sich, den Unterrichtsanteil für die „Fehlersuche" zu erhöhen, indem man den Schülern einige „Erfahrung" in der Klasse und im Labor vermittelte. Während der theoretischen Fehlersuchübungen legte der Lehrer den Schülern verschiedene Probleme zur Lösung vor. Er griff einen Bestandteil einer der vielen Schaltskizzen heraus und fragte dann: „Was würde passieren, wenn diese Röhre kaputt wäre?" Die Schüler tasteten dann (auf dem Papier) den Stromkreis ab, um mühsam die Symptome zu erraten, die sich aus dem hypothetischen Fehler ergäben. Den Schülern wurde ein Fehler genannt, und sie hatten die Aufgabe, die Symptome daraus zu folgern.

Dieses Vorgehen war jedoch genau entgegengesetzt dem, was vom Lernenden in der Abschlußprüfung oder am Arbeitsplatz erwartet wurde. Dort wurden ihm typische Symptome vorgelegt, und er hatte den Fehler zu lokalisieren. Die Lehrer erwarteten, daß der Schüler vorwärts ginge, indem sie ihn lehrten, rückwärts zu gehen.

Da eine genaue Bestimmung der Unterrichtsziele fehlte, lernten die Schüler nicht nur das Falsche, vielmehr stimmten auch die Fertigkeiten, die sie im Unterricht entwickelt hatten, nicht mit denen, die man von ihnen am Arbeitsplatz erwartete, überein und boten dadurch Anlaß zu Konflikten.

Hoppla! Sie folgen nicht den Anweisungen. An keiner Stelle dieses Buches werden Sie auf diese Seite verwiesen. Wenn Ihnen eine Frage gestellt wird, sollen Sie die Ihnen richtig oder angemessen erscheinende Antwortmöglichkeit auswählen und die daneben angegebene Seite aufschlagen.

Sie sehen, daß ich meine Äußerungen auf Ihre Bedürfnisse abzustimmen suche, indem ich Ihnen zwischendurch einige Fragen stelle. Auf diese Weise brauche ich Sie nicht mit weiteren Erläuterungen zu langweilen, wenn eine einzige bereits genügt.

Aber da Sie nun mal hier sind, sei ein Hinweis auf die gegenüberliegende Seite gestattet; vielleicht interessiert Sie der dort beschriebene Fall. Schlagen Sie danach aber bitte die vorige Seite wieder auf und lesen Sie noch einmal die Anweisungen, die dort gegeben sind.

Sie werden übrigens gelegentlich in diesem Buch auf den linken Seiten Texte, die in einer anderen Schrift gedruckt sind, finden. Das sind zusätzliche Informationen, die Ihnen vielleicht interessant oder nützlich erscheinen. Sie können sie mitlesen oder auch, falls Sie sie ablenkend finden, für einen regnerischen Tag aufsparen.

Sie sagten, der Text bezeichne das Ziel des Unterrichts. Offensichtlich habe ich mich vorher nicht deutlich genug ausgedrückt; ich möchte es noch einmal versuchen.

Die Beschreibung des Unterrichts sagt etwas über seinen Inhalt und Aufbau aus; das Unterrichtsziel bezeichnet das erwünschte Unterrichtsergebnis (Vielleicht kann die folgende Karikatur den Unterschied verdeutlichen).

Unterricht

Voraussetzungen	*Beschreibung*	*Ziele*
was der Lernende können muß, um sich für den Kurs zu qualifizieren.	Inhalt des Kurses.	was ein erfolgreicher Teilnehmer am Ende des Kurses kann.

Während eine Zielbeschreibung etwas über die Tätigkeit des Lernenden als Ergebnis gewisser Lernerfahrungen aussagt, geht aus der Unterrichtsbeschreibung nur der Gegenstand des Unterrichts hervor.

Dieser Unterschied ist deshalb wichtig, weil aus der Unterrichtsbeschreibung nicht ersichtlich ist, was als angemessene Leistung anerkannt wird; sie macht den Lernenden nicht mit den Spielregeln vertraut. Aus der Unterrichtsbeschreibung erfährt der Lernende zwar, auf welchem Feld er spielen wird, nicht aber, wo die Auslinien sind, wo die Torpfosten stehen und woran er merkt, daß er einen Punkt erzielt hat.

Es ist wichtig, diesen Unterschied zu kennen; versuchen Sie es deshalb bitte an einem anderen Beispiel.

12

Nehmen wir an, ich biete Ihnen ein Auto für DM 1000,– und nehmen wir weiter an, ich behaupte, daß dieses Auto in einem ausgezeichneten Zustand ist, würde mich aber weigern, es von Ihnen besichtigen zu lassen. Würden Sie es kaufen?

Nehmen wir an, ich erbiete mich, Ihre Kinder für DM 2000,– zu **logischen Denkern** auszubilden. Wenn ich das tatsächlich könnte, so wäre das wahrscheinlich ein faires Geschäft. Aber würden Sie sich auf einen solchen Handel einlassen, wenn ich Ihnen nicht vorher ausführlicher erklären würde, was ich eigentlich erreichen will und wie wir den Erfolg messen wollen? Ich hoffe nicht.

Lehrer schließen mit ihren Schülern in gewissem Sinne Verträge ab. Die Schüler erklären sich bereit, eine bestimmte Geldsumme und ein gewisses Maß an Anstrengung aufzuwenden, um dafür bestimmte Kenntnisse und Fertigkeiten zu erhalten. Aber meistens wird von ihnen erwartet, daß sie für etwas zahlen, das niemals sorgfältig bestimmt oder beschrieben wird. Es wird von ihnen erwartet, daß sie (mit ihrer Anstrengung) für ein Produkt zahlen, das sie vorher nicht sehen dürfen und das ihnen nur vage beschrieben wird. Lehrer, die ihre Unterrichtsziele nicht klar beschreiben, die nicht so gut wie ihnen irgend möglich mitteilen, was sie dem Schüler als Ergebnis ihres Unterrichts an Fähigkeiten vermittelt haben wollen, nutzen ihre Schüler in unfairer Weise aus.

Sie sagten, daß es sich um die Beschreibung des Unterrichts handle. Sie haben recht! Sicher erkannten Sie in dem Text eine Beschreibung aus einem Lehr- oder Studienplan. Bevor wir zum Folgenden übergehen, noch ein abschließendes Wort über Unterrichtsbeschreibungen. Wenn auch eine Beschreibung mitunter allerlei darüber aussagt, was ein Lehrgang enthält, so geht aus ihr jedoch nichts über das angestrebte Ergebnis hervor. Und was noch wichtiger ist: sie sagt nichts darüber aus, wie wir verdeutlichen könnten, daß wir das gewünschte Ergebnis erreicht haben. Die Beschreibung des Unterrichts kann daher zwar ein durchaus legitimes Verfahren als notwendiger Beitrag zur Anordnung der Inhalte sein, uns interessieren hier jedoch nur die Unterrichtsziele.

Springen Sie zu Seite 19.

Sie haben gesagt: „In mindestens zwei Computersprachen ein Programm für die Berechnung des arithmetischen Mittels schreiben und prüfen können" sei die Beschreibung eines Unterrichtsziels.

Richtig! Die Aussage bezeichnet ein Ergebnis – etwas, was der Schüler ausführen können soll – und nicht etwa das Verfahren, durch das der Schüler diese Fertigkeit erwerben soll.

Da Sie Unterrichtsbeschreibung und Unterrichtsergebnis unterscheiden können, ist es nun Zeit, weiterzugehen. Schlagen Sie bitte Seite 19 auf.

Vor einigen Jahren fiel dem Leiter eines 32-wöchigen militärischen Ausbildungskurses die sonderbare Tatsache auf, daß die Schüler bei jeder dritten Prüfung recht schlecht abschnitten. Die Ergebnisse waren bei der ersten Prüfung schlecht, bei den beiden folgenden merklich besser, bei der vierten wieder schlecht, den zwei folgenden sehr gut und so weiter. Da dieser Wechsel in gleicher Weise alle, auch die intelligentesten Schüler betraf, schloß der Ausbilder zu Recht, daß diese Eigentümlichkeit nicht mit der vorhandenen oder fehlenden Intelligenz der Schüler zusammenhing. Er sagte sich dann, daß er zu sehr mit dem Unterricht verbunden sei und vielleicht den Wald vor lauter Bäumen nicht sehe und holte sich Berater.

Bei der Untersuchung stellte man fest, daß der gesamte Kurs in fünf Unterkurse aufgeteilt war. In jedem Abschnitt unterrichtete ein anderes Lehrerteam, und während jedes dieser Unterkurse mußten die Schüler drei Prüfungen ablegen. Die Berater entdeckten, daß die schlechten Ergebnisse regelmäßig in der ersten Prüfung zustande kamen, weil den Schülern nicht bekannt war, was erwartet wurde. Hatten sie dagegen die Unterrichtsziele erst kennengelernt, schnitten sie in den folgenden beiden Prüfungen dieses Unterkurses viel erfolgreicher ab. Aber dann übernahm sie ein anderes Lehrerteam. In der Meinung, daß die Prüfungen denen des vorigen Kurses ähnlich seien, bereiteten sich die Schüler entsprechend vor und mußten dann feststellen, daß sich die Regeln ohne ihr Wissen geändert hatten. Dadurch schnitten sie im vierten Test (dem ersten mit dem neuen Team) wieder schlecht ab. So ging es während des ganzen Kurses weiter. Die Zielvorstellungen waren unklar, und die Schüler erfuhren nie, was man von ihnen erwartete. Erst als der Leiter diese Ursachen kannte, war es leicht, das ganze Problem zu lösen.

Ach … nein. Die Ansammlung von Wörtern, die Sie auf diese Seite geleitet hat, ist Teil einer Unterrichtsbeschreibung – und nicht einmal einer guten. Betrachten wir die Sache noch einmal:

Die Prinzipien und Techniken moderner Programmiersprachen werden diskutiert und erläutert.

Beachten Sie, daß diese Aussage etwas darüber zu enthalten scheint, was in dem Kurs geschieht oder was der Lehrer tun wird. Sie enthält kein Wort darüber, was der Schüler als Ergebnis des Unterrichts können wird. Ich hoffe, Sie wurden nicht durch die Tatsache irregeführt, daß viele Vorlesungsverzeichnisse von derartigen Aussagen wimmeln. Dieses sind keine Beschreibungen von Lernergebnissen; Aussagen dieser Art werden hier nicht behandelt. Lassen Sie mich versuchen, den Unterschied wie folgt zu erklären: Eine Unterrichtsbeschreibung bezeichnet verschiedene Aspekte des Prozesses, den wir üblicherweise als Unterricht bezeichnen. Ein Unterrichtsziel ist demgegenüber das Ergebnis von Unterricht. Der Unterschied hat etwas gemein mit dem Unterschied zwischen Brot und Backen. Backen ist das, was man tut, um Brot zu erhalten, aber es ist nicht dasselbe wie Brot. Backen ist der Vorgang – Brot ist das Ergebnis. In ähnlicher Weise ist Unterricht der Vorgang – die Kompetenz oder die Fertigkeit des Schülers ist das Ergebnis.

Schlagen Sie Seite 6 auf und lesen Sie den Text noch einmal.

3. Merkmale zweckmäßiger Zielbeschreibungen

Zielbeschreibungen sind nützliche Werkzeuge für die Planung, Durchführung und Bewertung (Evaluation) von Unterricht. Sie sind nützlich als Hinweise für die Auswahl von Unterrichtsinhalten und Unterrichtsverfahren, die zu erfolgreichem Unterricht führen, sie helfen, den Unterrichtsprozeß zu organisieren und die Instrumente zu entwickeln, mit denen ermittelt werden kann, ob der Unterricht erfolgreich war. Wenn wir diese Zielbeschreibungen den Schülern aushändigen, sind wir in der Lage, die Vergeudung von Arbeitskraft zu vermeiden, die dadurch entsteht, daß wir Schüler nötigen, die wichtigen Ziele des Unterrichts zu erraten.

Aber welches sind die Eigenschaften zweckmäßiger Zielbeschreibungen? Wodurch unterscheidet sich eine brauchbare von einer nicht brauchbaren Beschreibung?

Einfach gesagt, ist eine zweckmäßige Zielbeschreibung eine solche, mit der es gelingt, die Unterrichtsabsichten dem Leser mitzuteilen. Sie ist in dem Umfang zweckmäßig, wie sie anderen ein Bild davon vermittelt, was ein erfolgreicher Schüler sein wird und wieweit dieses Bild mit dem übereinstimmt, was der Autor der Zielbeschreibung im Sinn hat. Die zweckmäßigste Zielbeschreibung ist diejenige, die die größte Anzahl von Entscheidungen über das Erreichen und die Messung der Unterrichtsergebnisse bietet. Nun kann eine beliebige Ansammlung von Wörtern, Bildern und Symbolen benutzt werden, um eine Absicht auszudrücken. Wir suchen hier nach derjenigen Folge von Wörtern und Symbolen, die Ihre Absicht genauso, wie SIE sie meinen, mitteilt. Wenn Sie zum Beispiel anderen Lehrern ein Unterrichtsziel mitteilen, und diese unterrichten dann einige Schüler so, da diese anschließend etwas können, das genau Ihrer Vorstellung entspricht, dann haben Sie Ihr Ziel richtig mitgeteilt. Wenn Sie aber meinen, daß Sie „sich eigentlich etwas mehr vorgestellt haben" oder daß sie „das Entscheidende nicht verstanden haben", dann hat Ihre Zielbeschreibung Ihre Absicht nicht angemessen vermittelt, ganz gleichgültig, welche Wörter Sie benutzt haben.

Ein eindeutig beschriebenes Unterrichtsziel ist also eines, mit dem Sie Ihre Absichten erfolgreich mitteilen. Eine gute Zielbeschreibung schließt darüber hinaus eine möglichst große Anzahl möglicher Mißdeutungen aus.

Unglücklicherweise gibt es viele schlüpfrige Wörter, die eine Vielzahl von

Mißdeutungen erlauben. (Wenn Sie schon mal versucht haben, mehr als nur einige wenige Sätze zu schreiben, die sagen, was Sie meinen, dann wissen Sie, wie ermüdend diese kleinen Teufel sein können.) Das heißt nicht, daß solche Wörter nicht für die alltägliche Verständigung recht nützlich sind. Schließlich wollen Sie auch nicht durch ständige Fragen wie „Was meinen Sie damit?" auf die Palme gebracht werden, wenn Sie Dinge sagen wie: „Das ist ein schöner Tag" oder „Ich mag dich wirklich" oder „Mir geht's gut". Aber wenn Sie *nur* derart unscharfe Begriffe für die Mitteilung bestimmter Unterrichtsabsichten benutzen, dann sind Sie jedem Mißverständnis ausgeliefert. Betrachten wir die folgenden Wortfolgen in diesem Licht:

Worte, die viele Deutungen zulassen	**Worte, die weniger Deutungen zulassen**
wissen	schreiben
verstehen	auswendig hersagen
wirklich verstehen	identifizieren
zu würdigen wissen	unterscheiden
voll und *ganz* zu würdigen wissen	lösen
die Bedeutung von etwas	konstruieren
erfassen	bauen
Gefallen finden	vergleichen
glauben	gegenüberstellen
vertrauen	lächeln
verinnerlichen	

Was meinen wir, wenn wir sagen, wir möchten, daß Schüler etwas wissen? Meinen wir, daß sie etwas auswendig aufsagen, daß sie eine Aufgabe lösen oder daß sie etwas konstruieren? Wenn wir ihnen nur sagen, daß sie etwas „wissen" sollen, so sagt ihnen das wenig, weil dieses Wort viele verschiedene Bedeutungen haben kann. Solange Sie nicht sagen, was Sie mit „Wissen" meinen, und zwar in Begriffen, die sagen, was der Schüler TUN können soll, haben Sie nur sehr wenig gesagt. Also wird eine Zielbeschreibung, die ihre Absichten am besten mitteilt, das angestrebte Verhalten des Schülers so klar benennen, daß Mißverständnisse ausgeschlossen sind.
Wie macht man so etwas? Welche Merkmale tragen dazu bei, daß ein Unterrichtsziel mitteilbar ist und daß seine Beschreibung zweckmäßig ist? Nun, es gibt eine Reihe von Regeln, die zur Beschreibung von Unterrichtszielen herangezogen werden können – die auf den folgenden Seiten beschriebe-

nen sind jedoch erfolgreich erprobt und haben sich als besonders leicht anwendbar herausgestellt.

Nach diesen Regeln gibt es drei Merkmale, die dazu beitragen. daß eine Zielbeschreibung eine Unterrichtsabsicht mitteilt. Eine Zielbeschreibung mit diesen Merkmalen beantwortet drei Fragen:

1. Was soll der Schüler tun können? 2. Unter welchen Bedingungen wollen Sie, daß der Schüler es tun kann? 3. Wie gut muß es getan werden?

Die Merkmale sind die folgenden:

1. **Tätigkeit.** Eine Zielbeschreibung sagt immer aus, was der Schüler fähig sein soll zu *tun.*
2. **Bedingungen.** Eine Zielbeschreibung benennt immer die wichtigen Bedingungen (sofern vorhanden), unter denen die Tätigkeit ausgeführt werden soll.
3. **Kriterien.** Wenn immer möglich benennt eine Zielbeschreibung die Kriterien für ausreichendes oder akzeptables Verhalten, indem sie aussagt, wie gut dieses Verhalten geäußert werden muß, damit es annehmbar ist.

Zwar ist es nicht immer notwendig, das zweite Merkmal einzubeziehen und es ist nicht immer praktikabel, das dritte Merkmal zu berücksichtigen. Aber je mehr Sie über diese Merkmale sagen, desto besser wird Ihre Zielbeschreibung das mitteilen, was sie mitteilen soll. Weitere Merkmale könnten in einer Zielbeschreibung berücksichtigt werden, so z.B. die Beschreibung der Schüler, die das Unterrichtsziel erreichen sollen oder eine Beschreibung des Unterrichtsverfahrens, mit dem das Ziel erreicht werden soll. Zwar sind dies wichtige Bestandteile bei der Planung von Unterricht, aber in der Zielbeschreibung haben sie keinen Platz. Warum nicht?

Weil sie die Zielbeschreibung überhäufen; sie wird schwerer lesbar und verständlich. Eine Zielbeschreibung muß zweckmäßig und klar sein; wenn Sie sie mit allen möglichen Dingen befrachten, wird sie ihren Zweck nicht mehr erfüllen (Tausende und Abertausende solcher Zielbeschreibungen wurden geschrieben..., aber niemals benutzt).

Es wäre auch möglich, darauf zu bestehen, daß Zielbeschreibungen eine ganz bestimmte starre Form haben. (Ich besichtigte einmal eine Schule, in der von den Lehrern erwartet wurde, daß sie ihre Zielbeschreibungen in ein vom Schulleiter gedrucktes Formular eintrugen. Dieses Formular hatte jeweils im Abstand von 5 cm eine Linie, die bedeutete, daß jede Beschreibung in diesen Raum passen mußte. Wundert es Sie, daß die Lehrer dieser Idee recht feindlich gegenüberstanden?) Aber wir suchen nicht nach Zielbeschreibungen, die eine bestimmte Größe oder Form haben – wir suchen nach Zielbeschreibungen, die *klar* sind, die aussagen, was wir über unsere Unterrichtsabsichten aussagen wollen, und zwar so bestimmt wie möglich. Das ist alles. Jedermann also, der behauptet, daß eine Beschreibung von Unterrichtszielen nicht mehr als einen bestimmten Raum einnehmen darf oder der behauptet, daß in ihr bestimmte Wörter benutzt werden müssen oder nicht benutzt werden dürfen, sollte daran erinnert werden, daß es bei der Zielbeschreibung auf den Mitteilungswert ankommt. Ist der vorhanden – in Ordnung; wenn nicht – Papierkorb. Sie arbeiten nicht an einer Zielbeschreibung, um irgendwelche Vorstellungen von „gutem Aussehen" zu erfüllen; Sie arbeiten solange daran, bis ihre Unterrichtsabsichten dadurch mitgeteilt werden – und Sie schreiben soviele Zielbeschreibungen, wie Sie benötigen, um all Ihre Unterrichtsabsichten, die Ihnen wichtig genug sind, zu beschreiben.

Die folgenden Kapitel entstanden in der Absicht, Ihnen genau dabei zu helfen.

4. Tätigkeit

Die Kennzeichen einer zweckmäßigen Zielbeschreibung sind folgende:

1. Tätigkeit (Was der Lernende tun können wird)
2. Bedingungen (Wichtige Bedingungen, unter denen die Tätigkeit ausgeführt wird)
3. Kriterien (Die Qualität oder die Ebene der Tätigkeit – z. B. Perfektion –, die als akzeptabel angesehen wird)

In diesem Kapitel interessiert uns das erste dieser Kennzeichen, die Tätigkeit, ein Begriff, der jede Form von Handeln des Lernenden bezeichnet. Eine Tätigkeit kann sichtbar sein wie Schreiben oder Reparieren, oder unsichtbar wie Addieren, Lösen oder Erkennen.

Die Beschreibung eines Unterrichtszieles ist in dem Maße zweckmäßig, in dem sie benennt, was Lernende tun oder ausführen können sollen, wenn sie zeigen, daß sie ein Unterrichtsziel beherrschen. Da wir nicht in den Geist eines anderen Menschen hineinsehen können, um zu bestimmen, welche Kenntnisse oder Einstellungen in ihm vorhanden sind, müssen wir solche inneren Zustände durch Vermutungen oder Schlußfolgerungen ermitteln. Diese Schlußfolgerungen müssen sich auf das gründen, was Menschen sagen oder tun; sie müssen also mit anderen Worten auf das sichtbare oder hörbare menschliche Verhalten gegründet sein, das in bestimmten Situationen gezeigt wird. Oft können wir ein erwünschtes Unterrichtsergebnis direkt beobachten, so

---

Anmerkung:
In den frühen 60iger Jahren sprach man von Verhalten anstelle von Tätigkeit („behavior" anstelle von „performance" im Original; Übers.). Das hat sich als eine unglückliche Begriffswahl herausgestellt, denn es hat bei vielen zu einem Mißverständnis geführt, weil sie dachten, daß Zielbeschreibungen notwendigerweise etwas mit Behaviorismus oder mit Behavioristen zu tun haben. Das stimmt nicht. Zielbeschreibungen bezeichnen eine Tätigkeit nur deshalb, weil sie sehr genau und nicht verwaschen oder allgemein sind, und weil eine Tätigkeit etwas ist, das man sehr genau benennen kann.

24

beispielsweise, wenn wir jemanden beobachten, der mauert, Klavier spielt oder einen Computer programmiert. Wenn wir aber an abstrakteren Zuständen wie Kenntnissen oder Einstellungen interessiert sind, so können wir nur dann etwas über unseren Erfolg erfahren, wenn wir einen Schüler beobachten, der etwas tut, das aufgrund solcher abstrakten Zustände geschieht.

Demnach ist also das wichtigste und am wenigstens aufgebbare Kennzeichen einer nützlichen Zielbeschreibung, daß sie die Art der Tätigkeit beschreibt, die als Nachweis für das Beherrschen des Zieles durch den Schüler angesehen wird. Was immer also die Beschreibung eines Unterrichtszieles enthält, wenn sie die Bezeichnung der Tätigkeit nicht beinhaltet, so ist sie keine Beschreibung eines Unterrichtszieles.

Betrachten wir das folgende Beispiel:
Ein kritisches Verständnis der Bedeutsamkeit effektiven Managements entwickeln.

Dies mag ein durchaus wichtiges und erreichenswertes Ziel sein, die Formulierung läßt aber nicht erkennen, was der Lernende tun wird, wenn er zeigt, daß er dieses Ziel beherrscht. Was würden Sie vermuten? Wird er einen Aufsatz über die Wichtigkeit von Management schreiben, Auswahlfragen über Management beantworten oder einen Haushaltsplan entwerfen? Wird er einen Produktionsplan entwerfen oder ein Verfahren für das Anwerben fähiger Mitarbeiter vorschlagen?

Wir wissen es nicht. Die Beschreibung sagt es uns nicht. Weiterhin ist es unwahrscheinlich, daß zwei verschiedene Menschen bei der Deutung dieser Formulierung übereinstimmen werden; sie läßt zuviele Deutungen zu. Und es gibt ein anderes Problem in dieser Formulierung – „entwickeln" bezieht sich auf eine Tätigkeit, die der Lehrer tun soll und nicht auf eine Tätigkeit, die vom Schüler erwartet wird.

Betrachten wir jetzt die folgende Formulierung:

Gegeben sind alle technischen Daten zu einem vorgeschlagenen Produkt; aufgrund dieser Daten soll ein Produktprofil geschrieben werden. Das Profil muß alle kommerziellen Kennzeichen des Produkts für die Einführung auf dem Markt einschließlich der Beschreibung mindestens dreier wichtiger Anwendungen beschreiben und bestimmen.

Stellen wir die Frage noch einmal. Was würde ein Schüler tun, der zeigt, daß er dieses Ausbildungsziel beherrscht? Nun, er würde ein *Produktprofil schreiben*.

Diese Worte bezeichnen eine Tätigkeit und bieten damit jedermann nützliche Informationen darüber, was der Unterricht bewirken soll.

Will man ein Unterrichtsziel so beschreiben, daß die erste Forderung erfüllt ist, geht man wie folgt vor: Man beschreibt eine Unterrichtsabsicht und modifiziert diese Beschreibung dann solange, bis sie die folgende Frage beantwortet:

Was TUT der Lernende, wenn er zeigt, daß er das Ziel erreicht hat?

Wenden wir dies auf einige Beispiele an:

Welche der folgenden Beschreibungen enthält Ihrer Ansicht nach Angaben über eine Tätigkeit?

Einen Nachrichtenartikel schreiben können . . . .   Seite 27
Verständnis für Musik entwickeln können . . . .   Seite 29

Sie sagten, „einen Nachrichtenartikel schreiben können", enthält Angaben über eine Tätigkeit.

Genau! Machen Sie so weiter und Sie werden am Ende des Buches ankommen, ehe Sie es erwarten.

Sie haben offensichtlich die Schlüsselfrage auf diese Formulierung angewandt, nämlich, was müssen Leute TUN, wenn sie zeigen, daß sie das Ziel beherrschen? Sie müssen also Nachrichtenartikel schreiben. Man kann erkennen, wenn jemand das tut. Denn *Schreiben* ist eine Tätigkeit. Wir wissen nicht, ob der Artikel handschriftlich oder maschinengeschrieben – wie das, was ich im Moment versuche – vorliegen muß, aber wir wissen, daß die entscheidende Tätigkeit in diesem Fall Schreiben ist. Wenn das Gerät, mit dem geschrieben wird, von Bedeutung ist, so wäre dies eine der *Bedingungen* für das Ziel. Im Augenblick aber haben wir es mit der Frage der Tätigkeit zu tun.

Betrachten wir ein weiteres Beispiel. Schlagen Sie dann die Seite auf, die neben der Formulierung genannt ist, die eine Tätigkeit benennt:

Sie sagten, ,,Verständnis für Musik entwickeln können'' enthalte Angaben
über eine Tätigkeit. Donnerwetter!

Vielleicht kamen Sie zu dieser Ansicht, weil Sie die Bedeutsamkeit der Absicht
mit der Klarheit, mit der sie beschrieben werden sollte, verwechselt haben.

Stellen Sie die Zauberfrage. ,,Was würde jemand tun, wenn er zeigt, daß er
dieses Ziel beherrscht?'' Würde er einen Aufsatz über die Bedeutung der Oper
schreiben? Würde er ekstatisch seufzen, wenn er Bach hört? Würde er
Auswahlfragen zur Musikgeschichte beantworten? Würde er Platten kaufen?
Würde er mit den Füßen den Takt schlagen? Die Beschreibung sagt es nicht,
sie bietet keine Hilfen zur Beantwortung dieser Frage.

Betrachten wir etwas genauer, was eine Tätigkeit ist.

Eine Tätigkeit wird durch ein Tätigkeitswort beschrieben. Wenn das Wort
etwas benennt, das man tun könnte, dann beschreibt es eine Tätigkeit. Wenn es
jedoch nur etwas beschreibt, was SEIN könnte, dann ist es kein Tätigkeitswort.
Hier einige Beispiele für Tätigkeitswörter:

Laufen
Lösen
Unterscheiden
Schreiben

Hier einige Beispiele für Zustandswörter (Abstraktionen):

Glücklich
Verstehen
Schätzen

Weiter auf Seite 31.

Sie können jemanden *laufen* oder *schreiben* sehen und Sie können direkt herausfinden (d. h. durch Beobachten einer einzigen entsprechenden Handlung), ob jemand in der Lage ist, ein Problem zu *lösen* oder verschiedene Farben zu *unterscheiden.* Deshalb bezeichnen solche Wörter Tätigkeiten. Aber Sie können niemanden etwas *würdigen* oder *verstehen* sehen; deshalb bezeichnen diese Worte abstrakte Zustände oder Bedingungen. Solche Zustände oder Bedingungen können nur durch Schlußfolgerungen aus Tätigkeiten erschlossen werden. Ob jemand etwas versteht, kann man nur dadurch erkennen, daß man sein Handeln beobachtet oder ihm zuhört. Ob jemand eine bestimmte Einstellung hat, kann man nur ermitteln, wenn man beobachtet, was er sagt oder tut, um dann daraus auf das Vorhandensein der entsprechenden Einstellung zu schließen.

Prüfen Sie bitte, ob Sie den Unterschied zwischen Tätigkeiten und Abstraktionen (Zustandswörtern) erkennen können. *Kreisen Sie in der folgenden Liste die Wörter, die eine Tätigkeit bezeichnen, ein.*

Feststellen

Schreiben

Achten

Zeichnen

Auflisten

Würdigen

Verinnerlichen

Lächeln

Wenn Sie fertig sind, schlagen Sie bitte Seite 33 auf!

Vergleichen Sie jetzt Ihre Antworten. Die Wörter, die eine Tätigkeit bezeichnen, sind eingekreist.

(Feststellen)

(Schreiben)

Achten

(Zeichnen)

(Auflisten)

Würdigen

Verinnerlichen

(Lächeln)

Die eingekreisten Wörter bezeichnen etwas, was jemand tun könnte. Die nicht eingekreisten Wörter bezeichnen innere Zustände oder Bedingungen. „Achten" z. B. ist weniger etwas, was man tut, sondern eher ein Gefühl.

Betrachten wir jetzt zur Übung zwei weitere Beschreibungen. Lesen Sie die folgenden Formulierungen und schlagen Sie dann die Seite auf, die neben der Formulierung genannt ist, die eine Tätigkeit bezeichnet.

Mathematik verstehen können . . . . Seite 35

Einen Saum nähen können . . . . Seite 37

Sie sagten, ,,Mathematik verstehen können" bezeichne ein Verhalten. Nicht im geringsten.

Was würden Menschen tun, wenn sie ihr Verständnis zeigen? Aufgaben lösen? Aufgaben korrigieren? Aufgaben stellen? Die Formulierung gibt keinerlei Auskunft darüber, welche Tätigkeit erwartet wird.

Verständnis ist ein gutes Wort für die alltägliche Verständigung, aber es läßt zu viele Deutungen zu – für eine Zielbeschreibung ist es untauglich.

Lassen Sie sich nicht dadurch hereinlegen, daß in der Formulierung das Wort ,,können" auftaucht, denn dieses Wort kann in einem Zusammenhang stehen, der schlichter Unsinn ist. Betrachten Sie die folgenden verführerischen Formulierungen: Ein besseres Verständnis und eine erweiterte Wahrnehmung entwickeln können. Ein erweitertes Bewußtsein entwickeln können. Was würde jemand tun, der ein erweitertes Bewußtsein entwickelt? Was würde jemand tun, der Verständnis und Wahrnehmung entwickelt? Ich weiß es nicht. Die Formulierung sagt es nicht.

Wir suchen nach einem Wort oder nach Wörtern, die eine angestrebte Tätigkeit oder Handlung bezeichnen, sei diese nun direkt beobachtbar (laufen, schreiben, herausgeben) oder unsichtbar (lösen, erkennen, erinnern).

Versuchen wir es mit einer anderen Formulierung. Schlagen Sie dann die Seite auf, die neben der Beschreibung genannt ist, die ein Verhalten benennt.

Wissenschaftliche Erkenntnisse anwenden können . . . . Seite 39
Mikroskopische Präparate einfärben können . . . . Seite 41

Es gibt keinen Grund dafür, eine Zielbeschreibung in einem einzigen Satz zu formulieren. Im Gegenteil, Sie werden eine Reihe von Anlässen finden, bei denen es einer größeren Anzahl von Sätzen bedarf, um Ihre Absichten klar zu vermitteln. Das trifft insbesondere dann häufig zu, wenn Sie Unterrichtsziele beschreiben, die kreative Handlungen des Schülers umfassen. Hier ist ein solches Beispiel:

Eine musikalische Komposition in einer einzigen Tonart in vier Stunden schreiben können. Die Komposition muß mindestens 16 Takte lang sein und mindestens 24 Noten enthalten. Es müssen mindestens drei Regeln für eine gute Komposition in der Partitur berücksichtigt sein.

Hier ein anderes Beispiel aus einem Kurs für soziales Lernen:

Innerhalb von vierundzwanzig Stunden eine Analyse von fünf der vorgelegten Fallstudien anfertigen können. Diese Analysen sollten die Fälle im Hinblick auf die im Kurs behandelten Prinzipien diskutieren und jedes der Probleme aus der Sicht von mindestens zwei Teilnehmern beschreiben. Nachschlagewerke und Notizen dürfen benutzt werden.

Sie sagten, „einen Saum nähen können" bezeichne ein Verhalten.

Ja, was tun Leute, wenn sie zeigen, daß sie dieses Ziel erreicht haben? Sie nähen etwas – das ist ihre Tätigkeit. Wir wissen nicht, ob es irgendwelche besonderen Bedingungen gibt, unter denen die Säume genäht werden müssen, und wir wissen auch nicht, wie gut jemand nähen muß, damit seine Leistung hinreichend ist, aber wir wissen, daß er nähen muß. Diese Formulierung erfüllt also die erste Forderung an eine Zielbeschreibung – sie nennt eine Tätigkeit.

Versuchen wir es mit einer anderen.

Schlagen Sie dann die Seite auf, die neben der Formulierung erscheint, die eine Tätigkeit benennt.

Wissenschaftliche Erkenntnisse anwenden können . . . . Seite 39

Mikroskopische Präparate einfärben können . . . . Seite 41

Nun, ich vermute, ich kann verstehen, was Sie veranlaßt zu sagen, „wissenschaftliche Erkenntnisse anwenden" bezeichnet eine Tätigkeit. Wenn das Ziel wäre, Farbe anzuwenden oder Make up im Gesicht anzuwenden, so könnte man dieses „anwenden" zweifellos feststellen. Aber „Wissenschaftliche Erkenntnisse anwenden" ist so etwas wie „eine angemessene Einstellung anwenden". Wir haben nicht die geringste Vorstellung darüber, was der Lernende tun würde. Würde er ein Lied singen? Würde er einen Blinddarm herausnehmen? Würde er eine Lösung mischen? Würde er einen Destillationsapparat konstruieren? Die Aussage gibt uns keinen Hinweis auf eine Antwort.

Eine Formulierung sollte nicht als eine Zielbeschreibung bezeichnet werden, wenn sie nicht wenigstens etwas darüber aussagt, was derjenige zu tun hat, der zeigt, daß er das Unterrichtsziel erreicht hat. Wenn Sie also nach der Tätigkeit suchen, stellen Sie die Frage, „welches ist das Tätigkeitswort?"

Schlagen Sie jetzt Seite 29 auf und lesen Sie noch einmal.

Gelegentlich höre ich, daß es Leute gibt, die das Wort „können" stört. „Ich will nicht, daß sie etwas können", so klagen sie, „ich will, daß sie es tun. Ich will, daß sie tun, was sie können sollen. Ich finde es deshalb unangemessen, dieses Wort in einer Zielbeschreibung zu benutzen."

Meine Antwort ist, daß die Beschreibung eines Unterrichtszieles ein erwünschtes Vermögen benennen soll; das ist etwas, was der Schüler in der Lage sein soll zu tun. Ich benutze deshalb das Wort „können" in einer Zielbeschreibung, um auszudrücken, daß es sich hier um eine Fertigkeit oder um ein Verhalten handelt, das auf Anforderung verfügbar sein soll. Wenn ich die Ausführung dieser Tätigkeit sehen will, so stelle ich die entsprechenden Aufgaben, z. B. Testfragen.

Offen gesagt, es kümmert mich wenig, welche Wörter Sie benutzen; wenn „können" Ihnen ein psychisches Trauma verursacht, dann verwenden Sie es halt nicht. Benutzen Sie diejenigen Worte, die geeignet sind, Ihre Vorstellungen anderen so genau mitzuteilen, daß die Sie verstehen.

Sie sagten, „Mikroskopische Präparate einfärben können" bezeichnet ein Verhalten. Selbstverständlich! Wir können feststellen, ob der Färber das zu Färbende färbt. Deshalb können wir auch feststellen, ob jemand tut, was in der Zielbeschreibung benannt ist.

Ein abschließendes Beispiel:
Welche der folgenden Beschreibungen bezeichnet eine Tätigkeit?

Sie nehmen mich auf den Arm! Wie kann ich Ihnen helfen, daß Sie eine wachsende Wahrnehmung für unbestimmte Gefühlszustände und Bewußtseinsebenen verinnerlichen, wenn Sie immer wieder auf Seiten wie diese abgleiten, bloß um herauszufinden, was da geschrieben steht?

Solange Sie allerdings hier sind, sollten wir noch einige Worte über unseren Gegenstand verlieren. *Entwickeln* ist eines jener Wörter, die für sich genommen niemals etwas über eine Handlung oder eine Tätigkeit aussagen. Alle möglichen Dinge können entwickelt sein – Thesen, Nachbarschaften oder der Bizeps. Aber all dies sind keine Tätigkeiten; es wird nichts darüber ausgesagt, was irgend jemand tut. *Entwickeln* ist eines jener Wörter, deren Bedeutung von dem Zusammenhang abhängig ist, in dem sie stehen. Schlimmer noch, es beschreibt meist Verläufe im Unterricht und wir suchen die Beschreibung des Ergebnisses von Unterricht.

Es gibt andere ähnliche Schwierigkeiten. Das *Erwerben* einer Einstellung hat überhaupt nichts gemein mit dem Erwerben einer Brieftasche. Das letztere ist eine Tätigkeit – das erstere nicht.

Genug der Abwege. Lassen Sie uns wieder an die Arbeit gehen.
Weiter auf Seite 43.

Sie sagten, „eine Zahlenreihe addieren können" beinhaltet eine Tätigkeit. Ja. Was würde jemand tun, wenn er zeigt, daß er dieses Unterrichtsziel beherrscht? Er würde eine Zahlenreihe addieren. Die Formulierung erfüllt also die erste Forderung an eine Zielbeschreibung.

geäußert/nicht geäußert

Aber verweilen wir einen Augenblick. Hier gibt es Schwierigkeiten. Können wir erkennen, ob Leute addieren? Stellen Sie sich vor, sie stehen da unbewegt und behaupten, sie addieren im Kopf. Wäre Addieren immer noch eine Tätigkeit?

Für mich wäre es eine. Denn für mich ist eine Tätigkeit all das, was ich entweder direkt beobachten kann oder aber direkt überprüfen kann. Da wir feststellen können, ob jemand addiert, indem wir eine *einzige* schriftliche oder mündliche Antwort erfragen, sehe ich Addieren als eine Tätigkeit an. Schließlich suchen wir nach einem praktikablen Weg zur Beschreibung von Unterrichtszielen, und dabei wäre es ausgesprochen lästig, wenn wir nur sichtbare Tätigkeiten in Zielbeschreibungen zulassen würden. Wie Sie wissen, sind wir häufig daran interessiert, Lernenden bei der Lösung von Problemen, beim Erkennen bestimmter Merkmale oder beim Erinnern von bestimmten Schriften in einer bestimmten Abfolge zu helfen. Wenn wir dieses bei unseren Zielbeschreibungen ausschließen würden, so wäre das eine völlig unpraktikable Quälerei.

Wenn Sie angesichts der Wörter *geäußert* und *ungeäußert* etwas stutzen, so seien Sie versichert, daß es sich hier um alte Begriffe mit langer Tradition handelt; sie werden hier benutzt, weil sie sehr genau die Vorstellungen bezeichnen, um die es hier geht. *Geäußert* bezieht sich auf jede Form von Tätigkeit, die direkt beobachtet werden kann, sei diese Tätigkeit nun sichtbar oder hörbar. *Ungeäußert* sind solche Tätigkeiten, die nicht direkt beobachtet werden können, also geistige, innerliche, unsichtbare, kognitive Tätigkeiten. Eine geäußerte Tätigkeit kann direkt durch das Auge oder Ohr wahrgenommen werden. Nicht geäußerte Tätigkeiten können nur dadurch, daß man jemanden auffordert, etwas zu sagen oder etwas Sichtbares zu tun, erkannt werden.

Wir sagen, daß *Ungeäußerstes* dann eine (geistige, innerliche, unsichtbare, kognitive) Tätigkeit ist, wenn es eine *direkte* Möglichkeit gibt, um zu entscheiden, ob diese Tätigkeit ausgeführt wurde oder nicht. „Eine direkte Möglichkeit" bedeutet, daß die ungeäußerte Tätigkeit durch eine einzige geäußerte Handlung nachgewiesen werden kann. Es gibt eine einfache

44

Möglichkeit, diese Angelegenheit bei der Beschreibung von Unterrichtszielen zu behandeln, eine Möglichkeit, die uns sehr viele Argumentationen darüber, was eine geäußerte oder ungeäußerte Tätigkeit sein soll, erspart. Man wende einfach die folgende Regel an:

Wann immer in einer Zielbeschreibung eine ungeäußerte Tätigkeit benannt ist, füge man ein Indikatorverhalten (Anzeigeverhalten) in die Zielbeschreibung zusätzlich ein.

Das bedeutet folgendes: Sie möchten, daß Ihre Schüler addieren können? Addieren scheint eine ungeäußerte Tätigkeit zu sein. Fügen wir also ein Indikatorverhalten in die Zielbeschreibung ein, um eine einzelne sichtbare Handlung zu benennen, die die Lernenden ausführen, wenn sie zeigen, daß sie das Ziel erreicht haben. Beispiel:

Zahlen, die in Binärschreibweise geschrieben sind, addieren können (die Lösungen aufschreiben).
Rechtschreibfehler auf einer vorgelegten Zeitungsseite erkennen können (unterstreichen oder einkreisen).

Erkennen ist eine ungeäußerte Tätigkeit. Sie können nicht sehen, wenn es jemand tut. Aber sie können die Handlung einer Person sehen, die entweder damit verknüpft sind oder die das Ergebnis des Erkennens sind. Also? Also ist alles, was man zu tun hat, ein oder zwei Worte in die Zielbeschreibung aufzunehmen, die für jedermann erkennbar machen, welche direkt beobachtbare Handlung sie als Indikator (Anzeige) für die ausgeführte Tätigkeit anerkennen würden. Mit ein bißchen Übung merken Sie, wie das läuft.

Weiter unten finden Sie Beispiele für Zielbeschreibungen; einige beschreiben eine ungeäußerte Tätigkeit, andere eine geäußerte. Die Aufgabe lautet: 1. Markieren Sie die Aussagen, die eine Tätigkeit beschreiben, die Sie sehen oder hören können mit einem Haken (✓). 2. Neben diejenigen Aussagen, die eine ungeäußerte Tätigkeit bezeichnen, schreiben Sie bitte das einfachste Indikatorverhalten, das Ihnen einfällt, und das Ihnen einen Hinweis darauf gibt, daß die ungeäußerte Tätigkeit ausgeführt wurde. (Mit anderen Worten: zu welcher sichtbaren Handlung könnten Sie jemanden auffordern, wenn Sie wissen wollen, ob er oder sie tat, was Sie erwarteten?)

Eine Piccolo-Flöte spielen. _____

Zwischen regulären und irregulären
Röntgenbildern unterscheiden. _____

Das Verfahren für die Bearbeitung
eines Kreditantrags erinnern. _____

In einem Schaltplan die Transistoren
identifizieren. _____

Eingekleidete Aufgaben (Textaufgaben) lösen. _____

Wenn Sie fertig sind, schlagen Sie bitte Seite 46 auf.

	(direkt beobachtbar/kein Indikator ✓ nötig/ausreichende Beschreibung).
Eine Piccolo-Flöte spielen	
Zwischen regulären und irregulären Röntgenbildern unterscheiden.	*Röntgenbilder auf zwei Stapel sortieren*
Das Verfahren für die Bearbeitung eines Kreditantrages erinnern.	*niederschreiben*
In einem Schaltplan die Transistoren identifizieren.	*einkreisen*
Eingekleidete Aufgaben (Textaufgaben) lösen.	*Lösungen aufschreiben*

Es ist kein Indikatorverhalten nötig, um zu erkennen, daß jemand Piccolo-Flöte spielt. die Tätigkeit ist direkt hörbar und sichtbar. Aber woran wollen Sie erkennen, ob jemand zwischen Röntgenaufnahmen, die eine normale Funktion zeigen, und solchen, die zeigen, daß etwas nicht in Ordnung ist, unterscheiden kann? Unterscheiden ist eine Tätigkeit, deren Ausübung aber nicht direkt beobachtbar ist. Also benötigt man einen Indikator, um zu erkennen, ob die Fertigkeit gut ausgebildet ist. Wenn jemand einen Haufen Röntgenaufnahmen in zwei Stapel nach „regulär" und „irregulär" sortiert, so ist dies ein einfacher und direkt beobachtbarer Indikator. Diese eine Handlung läßt direkt erkennen, ob die Unterscheidung zufriedenstellend gemacht wurde oder nicht.

Woran erkennt man, ob sich jemand erinnert? Ganz einfach. Lassen Sie die Person mitteilen, was sie erinnert, entweder schriftlich oder mündlich. Das ist der direkteste Weg. Wie wäre es mit der Beantwortung einiger Auswahl-Antwort-Fragen zu dem Gegenstand, der erinnert werden soll? Wären Sie damit zufrieden? Nein! Etwas aus dem Gedächtnis wiedergeben ist etwas anderes, als es mit Hilfe der schriftlich vorgegebenen Auswahlantworten wieder erkennen.

Woran erkennt man, ob die Schüler Transistoren in einem Schaltplan erkennen können? Sie können auf die Transistoren zeigen, sie einkreisen oder sie mit den Bleistiften durchbohren. Das reicht.

Wie steht es mit dem Lösen von Textaufgaben? Lassen Sie sie die Lösungen aufschreiben – oder, wenn Sie mehr an dem Lösungsverfahren interessiert sind, verlangen Sie die Beschreibung des Lösungsverfahrens.

Immer die Hauptabsicht benennen

Bei einer vorgelegten Anzahl ausgefüllter Formulare des Typs Nr. 81 sollen die fehlerhaften Eintragungen eingekringelt werden können.

Beantworten Sie für die obige Aussage die folgenden Fragen:

1. Welche Tätigkeit wird bezeichnet?
2. Was ist die Hauptsache, der Kern der beschriebenen Tätigkeit?

Sie haben sicher sofort erkannt, daß die beschriebene Tätigkeit „Einkringeln" ist. Ich bin sicher, daß Sie ebenso bemerkt haben, daß die Hauptsache, der Kern dessen, was der Lernende können soll, das Erkennen von Fehlern oder anders ausgedrückt, das Unterscheiden richtiger und falscher Eintragungen ist. Das ist die Hauptabsicht dieser Zielbeschreibung. Aber sie ist nicht offen benannt. In diesem Fall ist die Hauptabsicht zu erschließen, aber nicht bezeichnet. Hier ein anderer Fall:

Gegeben sind die Markennamen verschiedener derzeit verfügbarer kosmetischer Produkte; es sollen die Namen derjenigen unterstrichen werden, die gefahrlos als Shampoo verwendet werden können.

1. Welche Tätigkeit wird bezeichnet?
2. Welches ist die Hauptabsicht?

Die bezeichnete Tätigkeit ist „Unterstreichen". So wird es jedenfalls ausgesagt. Aber dies ist nicht die Hauptabsicht, nicht wahr? Schließlich wäre es auch recht wertlos, Kosmetiker das Unterstreichen irgendwelcher Markennamen zu lehren. Das wichtige Ergebnis für den Lernenden wäre in diesem Fall, daß er Produkte, die gefahrlos als Shampoo verwendet werden können, auswählen kann. Das Unterstreichen ist lediglich ein Indikatorverhalten, das erkennbar macht, daß die Auswahl zufriedenstellend durchgeführt wurde.
In diesen Beispielen sind die Hauptabsichten, auch wenn sie nicht ausgedrückt werden, klar erschließbar; es war leicht zu sagen, welches sinnvolle Ergebnis beabsichtigt ist, wenn man nur die Zielbeschreibung gelesen hatte. Gelegentlich werden Sie aber über Zielbeschreibungen stolpern („stolpern" ist das richtige Wort!), deren Hauptabsicht in geheimnisvollem Dunkel liegt. In solchen Fällen handeln Sie weise, wenn Sie die Autoren der Beschreibungen fragen, was sie sich dabei gedacht haben.

Bei eigenen Zielbeschreibungen rate ich Ihnen jedoch, in jedem Fall die Tätigkeit zu benennen, um die es Ihnen wirklich geht. Benennen Sie, wenn nötig (d.h. wenn diese Tätigkeit nicht geäußert wird), zusätzlich ein Indikatorverhalten. Eine derartige Zielbeschreibung wird ihren Zweck, nämlich unterrichtliche Absichten anderen mitzuteilen, besser erfüllen, als die oben angegebenen Beispiele. Und nun eine Zusammenfassung:

Erste Zusammenfassung

1. Eine Zielbeschreibung bezeichnet ein beabsichtigtes Ergebnis von Unterricht oder Ausbildung, nicht ein Unterrichts- oder Ausbildungsverfahren.
2. Eine Zielbeschreibung bezeichnet immer eine Tätigkeit, etwas, das der Lernende TUT, wenn er zeigt, daß er das Ziel erreicht hat.
3. Zu einer Zielbeschreibung, die eine Unterrichtsabsicht bezeichnet, gehört
   a) eine Aussage, die ihre Hauptabsicht oder die Tätigkeit, die Sie vom Lernenden erwarten, bezeichnet, und, falls diese Tätigkeit nicht direkt geäußert wird,
   b) die Bezeichnung eines Indikatorverhaltens, durch das die Haupttätigkeit erkennbar wird. Wählen Sie als Indikatorverhalten das einfachste und direkteste, das Ihnen einfällt.

5. Bedingungen

Wenn Sie ein Unterrichtsziel beschreiben, das eine Tätigkeit bezeichnet, deren Beherrschung Sie von Ihren Schülern erwarten, wenn diese erfolgreich an Ihrem Lehrgang oder Unterricht teilgenommen haben, so wird diese Zielbeschreibung weit weniger anspruchsvoll sein, als viele der Beschreibungen von Unterrichtszielen, die heute immer noch gebräuchlich sind. Anstatt Ihren Schülern zuzumuten, zu erahnen, was Sie sich vorstellen, wenn Sie Wörter wie *verstehen, wissen* oder *wertschätzen* benutzen, haben Sie doch wenigstens aufgedeckt, was sie Ihrer Ansicht nach erreichen sollen. Und gleichgültig, wie stümperhaft auch immer Ihre Zielbeschreibung ausfällt – sie wird sich durch eine der wichtigsten Eigenschaften auszeichnen, die Zielbeschreibungen haben können: *sie wird aufgeschrieben sein!* Ist sie nicht aufgeschrieben, so ist sie nichts wert. *Ist* sie aber aufgeschrieben, kann sie verbessert werden. Und wenn sie eine Tätigkeit bezeichnet, so verdient sie auch den Namen „Zielbeschreibung". Sofern Ihre Beschreibung eine angestrebte Tätigkeit bezeichnet, haben Sie bereits mehr als die Hälfte des Weges zur Entwicklung nützlicher Zielbeschreibungen zurückgelegt.

Aber es kann sein, daß die genaue Bezeichnung der angestrebten Tätigkeit nicht ausreicht, um Mißverständnisse auszuschließen. So mag beispielsweise die Zielbeschreibung „die 100 m-Strecke laufen können" ausführlich genug sein, um schwerwiegende Mißverständnisse zu vermeiden, sofern die Läufer nicht durch unerwartete Bedingungen – z.B. auf glitschiger Strecke barfuß laufen zu müssen – hereingelegt werden. Eine Beschreibung wie „einen Korrelationskoeffizienten berechnen können" ist da jedoch von anderer Art. Zwar bezeichnet diese Beschreibung eine Tätigkeit, aber der Lernende kann die dahinter stehenden Absichten in vielfältiger Weise unterschiedlich deuten. Welche Arten von Korrelationen soll der Lernende berechnen können? Soll er dabei ein bestimmtes Verfahren anwenden oder kommt es nur auf die richtige Lösung an? Hat er eine Formelsammlung zur Verfügung oder soll er völlig ohne Hilfsmittel und Rechenmaschinen arbeiten? Die Antwort auf jede dieser Fragen wird zu wichtigen Unterschieden im Unterrichtsinhalt führen und für die Lernenden eine unentbehrliche Grundlage für die Ausrichtung ihrer eigenen Bemühungen sein – außerdem hängt von diesen Antworten ab, welche Prüfungssituationen für dieses Unterrichtsziel infrage kommen.

Zur klaren Beschreibung eines Unterrichtsziels ist es gelegentlich notwendig, die Bedingungen zu benennen, unter denen die Lernenden zeigen sollen, daß sie das Ziel beherrschen. Hier einige Beispiele:

Gegeben ist eine Aufgabenstellung folgender Art: ...
Gegeben ist eine Liste von...
Alle vom Lernenden gewünschten Hilfsmittel stehen zur Verfügung.
Gegeben ist eine Korrelationsmatrix...
Zur Verfügung steht eine Standardausstattung an Werkzeugen...
Zur Verfügung steht ein funktionsfähiges...
Ohne Benutzung von Hilfsmitteln...
Ohne Benutzung des Rechenschiebers...
Ohne Verwendung von Werkzeugen...

So kann z.B. die Beschreibung „algebraische Gleichungen lösen können" hinsichtlich ihres Wertes zur Mitteilung von Unterrichtsabsichten durchaus verbessert werden, indem sie etwa wie folgt formuliert wird:

Für eine gegebene lineare algebraische Gleichung mit einer Unbekannten soll die Lösung für die Unbekannte ohne Benutzung von Nachschlagewerken, Tabellen oder Rechenmaschinen angegeben werden können.

Wie weit soll man bei der Bestimmung der Tätigkeit ins Einzelne gehen? So weit, daß man sicher sein kann, daß eine andere kompetente Person das Zielverhalten erkennt, und so weit, daß andere Ihre Unterrichtsabsichten ebenso verstehen, wie Sie selbst.
Im folgenden einige Fragen, mit denen Sie Ihre Zielbeschreibungen überprüfen können. Sie sind gewissermaßen ein Leitfaden zur Bestimmung wichtiger Bestandteile des Zieles oder der Tätigkeiten, die Sie entwickeln wollen:

1. Was soll der Lernende benutzen dürfen?
2. Was soll dem Lernenden verweigert werden?
3. Unter welchen Bedingungen soll das Zielverhalten geäußert werden?
4. Gibt es bestimmte Fertigkeiten, die ausdrücklich NICHT erworben werden sollen? Sind diese Fertigkeiten durch die Zielbeschreibung ausgeschlossen?

Um zu prüfen, ob ich mich verständlich gemacht habe, sehen Sie sich bitte die folgende Zielbeschreibung an und schlagen Sie dann diejenige Seite auf, deren Seitenzahl unter dem Teil des Satzes angegeben ist, der Ihrer Ansicht nach etwas über die Bedingungen aussagt, unter denen die Tätigkeit geäußert werden soll.

Aus einer vorliegenden Liste von Faktoren, die bedeutsame historische Ereignisse beeinflußten,

Seite 53

sollen mindestens fünf bestimmt (unterstrichen) werden können,

Seite 55

die zur Weltwirtschaftskrise 1929 beigetragen haben.

In einem Industriebetrieb erschien es wünschenswert, daß einige Arbeiter das „Ablesen elektrischer Meßinstrumente" beherrschen. Diese allgemeine Beschreibung umfaßt verschiedene Fertigkeiten. Aus diesem Grunde und weil man wollte, daß die Lernenden die Zielbeschreibung selbst zur Einschätzung ihrer Lernfortschritte benutzen können, wurden in der endgültigen Beschreibung die einzelnen Fertigkeiten wie folgt beschrieben:

1. Auf einer Meßskala soll der durch den Zeiger angezeigte Wert so genau bestimmt werden können, wie es die Konstruktion der Meßeinrichtung zuläßt.
2. Auf linearen, nicht-linearen, umgekehrten (inversen) Skalen sowie auf Skalen mit negativen und positiven Werten die durch den Zeiger angezeigten Meßwerte bestimmen können.
3. Bei einem Meßgerät mit einer Skala und einem Bereichsschalter für die Wahl verschiedener Meßbereiche den angezeigten Wert für jeden der durch den Bereichsschalter bestimmten Meßbereiche ablesen können.
4. Bei einem Meßgerät mit verschiedenen Skalen und einem Bereichsschalter die jeder Schalterstellung entsprechende Skala angeben können.

Mit einer derartigen Beschreibung der Ziele haben Sie eine viel genauere Vorstellung über das, was von Ihnen erwartet wird, als wenn Ihnen einfach nur gesagt wird „Ablesen elektrischer Meßinstrumente".

Sie haben „aus einer vorgelegten Liste von Faktoren, die bedeutsame historische Ereignisse beeinflußten" als den Teil der Beschreibung ausgewählt, der die Bedingungen oder die Situation bezeichnet, unter denen bzw. in der das gewünschte Verhalten geäußert werden soll.

Richtig. Aus diesen Worten geht nämlich hervor, daß die Lernenden die Faktoren nicht in einer Bibliothek aus Büchern aufstöbern, sie nicht einer historischen Abhandlung entnehmen noch gar aus ihrem Gedächtnis hervorkramen sollen. Die Formulierung besagt, daß ihnen eine Liste vorgelegt wird und sie dementsprechend die Faktoren nur wiedererkennen sollen, sie aber nicht aus dem Gedächtnis erinnern müssen.

Es folgt eine weitere Zielbeschreibung. Enthält sie Wörter, die etwas über die Bedingungen aussagen, unter denen die abgestrebte Tätigkeit ausgeführt werden soll?

Es wird eine Liste mit 35 chemischen Elementen vorgelegt; zu mindestens 30 dieser Elemente sollen die Wertigkeiten erinnert (aufgeschrieben) werden.

Ja . . . . Seite 57

Nein . . . . Seite 58

Sie meinten, die Formulierung „sollen mindestens fünf bestimmt (unterstrichen) werden können" sage etwas über die Bedingungen aus, unter denen die gewünschte Tätigkeit (bestimmen) erwartet wird. Vielleicht denken Sie immer noch an das erste Kennzeichen einer brauchbaren Zielbeschreibung, an die Beschreibung einer Tätigkeit. Wenn das zutrifft, so freue ich mich, daß Sie sich daran noch erinnern. Jetzt suchen wir jedoch nach Wörtern, die die Situation oder die Bedingungen beschreiben, unter denen die gewünschte Tätigkeit beurteilt oder geprüft werden soll. Vielleicht hilft es Ihnen, wenn Sie die Frage stellen „womit beschäftigt sich der Lernende oder worauf richtet sich seine Tätigkeit, wenn er tut, was er tut?"

Schlagen Sie nun wieder Seite 51 auf und wählen Sie die andere Alternative.

Sie meinten, die Beschreibung des Unterrichtsziels sagt etwas über die Bedingungen aus, unter denen die Lernenden die Wertigkeiten von Elementen erinnern sollen. Ja. Sie besagt nämlich, daß eine Liste von Elementen vorgelegt wird. Diese Zielbeschreibung hat aber noch eine interessante Eigenschaft; sehen wir sie uns noch einmal an:

Es wird eine Liste mit 35 chemischen Elementen vorgelegt; zu mindestens 30 dieser Elemente sollen die Wertigkeiten erinnert (aufgeschrieben) werden.

Beachten Sie, daß diese Beschreibung auch eine Aussage darüber enthält, mit welcher Leistung man noch „durchkommt". Sie sagt, daß 30 richtige Angaben von 35 möglichen die untere Grenze für eine annehmbare Leistung sind. (Wenn Sie den Verdacht haben, daß wir hier einem weiteren Merkmal einer brauchbaren Zielbeschreibung auf der Spur sind, so liegen Sie völlig richtig. In Kapitel 6 habe ich mehr dazu zu sagen.)

Schlagen Sie jetzt bitte Seite 59 auf.

58

Sie sagten, die Beschreibung enthält keine Angaben über die Bedingungen.
Sehen wir sie noch einmal an:

> Es wird eine Liste mit 35 chemischen Elementen vorgelegt; zu mindestens
> 30 dieser Elemente sollen die Wertigkeiten erinnert (aufgeschrieben)
> werden.

Die Beschreibung erfüllt offensichtlich unsere erste Forderung. Sie benennt
die Hauptabsicht (erinnern) und enthält die Angabe eines Indikatorverhaltens
(Aufschreiben der Wertigkeiten verschiedener Elemente). Sagt die Beschreibung auch etwas darüber aus, welche Hilfsmittel der Lernende verwenden darf
oder mit welchem Material er arbeiten wird, wenn er „erinnert"? Zweifellos!
Sie sagt aus, daß die Lernenden mit einer Liste chemischer Elemente arbeiten
werden.

Gehen Sie zurück zu Seite 53 und
wählen Sie die richtige Antwort.

Verwendung von Beispielaufgaben

Zur klaren Beschreibung der Bedingungen, unter denen das gewünschte
Verhalten geäußert werden soll, ist es häufig zweckmäßig, das Beispiel einer
Prüfungsaufgabe in die Zielbeschreibung aufzunehmen. Das ist leicht zu
machen und erspart häufig umständliche und langatmige Beschreibungen.
Nehmen wir als Beispiel das folgende Unterrichtsziel:

Eine intravenöse Injektion am Arm eines Patienten ansetzen können.

Diese Beschreibung enthält schon eine ganze Menge. Sie sagt aus, daß der
Student tatsächlich eine Injektion ansetzen soll und nicht darüber reden oder
Auswahlfragen dazu beantworten soll. Sie sagt auch aus, daß diese Fertigkeit
an lebenden Menschen ausgeübt werden soll (das ist eine Bedingung, unter der
die Tätigkeit ausgeführt werden soll). Sie sagt nichts darüber aus, ob die
Studenten dies an schwierigen (z.B. fetten) Patienten oder unter irgendeiner
Form von Streß oder mit besonderen Instrumenten tun sollen. Man könnte
zwar all diese Bedingungen in die Beschreibung aufnehmen, aber es ist
vielleicht einfacher, die Prüfungssituation zu beschreiben, in der gezeigt
werden soll, ob das Ziel erreicht wurde. Zum Beispiel so:

*Mit den Standardinstrumenten soll eine intravenöse (iv) Injektion am Arm
eines Patienten angesetzt werden können. (Test: Setze bei irgendeinem
Studienkollegen aus der Gruppe mit höchstens zwei Versuchen eine iv an.)*

Wir wissen, daß die Tätigkeit unter Unterrichtsbedingungen ausgeführt
werden soll, daß es keine besonderen Streßbelastungen gibt (außer vielleicht
für die unglücklichen „Patienten"). Wir wissen auch, daß es ausreicht, wenn
die richtige Tätigkeit einmal demonstriert wird, sofern dazu nicht mehr als zwei
Versuche notwendig waren (denn es ist auch nicht fein, aus dem Kollegen ein
Nadelkissen zu machen).

60

Drei weitere Beispiele:

Ziel:

Aussagen, die durch ein Venn-Diagramm (Mengen-Diagramm) repräsentiert sind, bestimmen können.

Beispielaufgabe:

Welche der folgenden Aussagen ist durch das nebenstehende Venn-Diagramm repräsentiert?

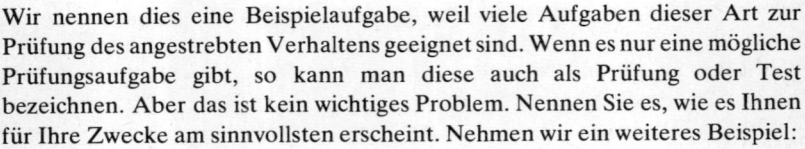

   a) alle Tiere sind Vögel.
   b) einige Vögel sind Tiere.
   c) alle Vögel sind Tiere.
   d) keine Vögel sind Tiere.

   („c" ist richtig)

Wir nennen dies eine Beispielaufgabe, weil viele Aufgaben dieser Art zur Prüfung des angestrebten Verhaltens geeignet sind. Wenn es nur eine mögliche Prüfungsaufgabe gibt, so kann man diese auch als Prüfung oder Test bezeichnen. Aber das ist kein wichtiges Problem. Nennen Sie es, wie es Ihnen für Ihre Zwecke am sinnvollsten erscheint. Nehmen wir ein weiteres Beispiel:

Ziel:

Eine französische Fragestellung mit einem passenden Satz beantworten können.

Beispielaufgabe:

Prüfungsband fünf enthält zehn französische Fragestellungen aus einem üblichen Gespräch am Bankschalter. Wenn eine Frage gestellt wird, antworten Sie bitte mit einem als Antwort infrage kommenden Satz. Zeichnen Sie Ihre Antwort auf. Sie haben für jede Antwort zehn Sekunden Zeit.

Aus dieser Beschreibung geht hervor, daß die Schüler französische Fragen mündlich beantworten sollen. Aus der Aufgabe geht klar hervor, daß die Schüler gesprochene Fragen beantworten sollen und daß die Fragen etwas mit Bankgeschäften zu tun haben. Die Aufgabe läßt auch erkennen, daß die Tätigkeit unter Unterrichtsbedingungen ausgeführt werden soll, daß die Fragen im normalen Gesprächstempo gestellt werden und daß die Antwort innerhalb von 10 sec., nachdem die Frage gehört wurde, formuliert und gesprochen sein muß. Wir hätten dies alles in die Zielbeschreibung aufnehmen können, aber mitunter ist es schlicht einfacher, die Zielbeschreibung zu belassen wie sie ist und eine Beispielaufgabe anzufügen.

Drittes Beispiel:

Einfache lineare Gleichungen mit einer Unbekannten lösen können.

Für Mathematiker, die etwas von Algebra verstehen, gibt es in dieser Beschreibung keine Zweideutigkeiten. Sie wissen genau, was gemeint ist. Aber wie geht es den Schülern, die gerade anfangen, Algebra zu lernen? Was werden sie tun, wenn sie zeigen, daß sie das Ziel erreicht haben? Das einfachste Mittel zur Beantwortung dieser Frage ist die Nennung einer Beispielaufgabe. Etwa so:

Ziel:

Einfache lineare Gleichungen mit einer Unbekannten lösen können.

Beispielaufgabe:

Gib für die folgenden Gleichungen die Lösung für x an:
 a) $2 + 4x = 12$
 b) $9x - 3 = 6$

Nun wissen wir, woran wir zu arbeiten haben und was wir damit tun müssen.

Lassen Sie mich Ihr Verständnis überprüfen. Habe ich gesagt, daß jeder Zielbeschreibung eine Beispielaufgaben angefügt werden sollte?

Ja . . . . Seite 62
Nein . . . . Seite 63

Sie glauben tatsächlich, ich hätte gefordert, daß zu jeder Zielbeschreibung eine Beispielaufgabe gehört? SO etwas trauen Sie mir wirklich zu...?

Sie irren ... um es vorsichtig zu beschreiben. Ich habe nur gesagt, daß es Fälle gibt, in denen es zur Verdeutlichung der Bedingungen, unter denen das angestrebte Verhalten geäußert werden soll, am einfachsten ist, eine Beispielaufgabe anzufügen. Das gilt aber nicht immer. Sie sollten es nur dann tun, wenn es Ihnen als die einfachste Möglichkeit erscheint, Ihre Absichten mitzuteilen. Woher wissen Sie, ob Sie dieses Mittel benutzen sollten oder nicht? Auch ich wäre froh, wenn ich auf diese Frage eine bündige Antwort geben könnte. Das einzige, was ich dazu sagen kann ist: Wenn Sie Ziele beschreiben und dabei befürchten, sich in umständlichen und langwierigen Beschreibungen zu verstricken, sollten Sie prüfen, ob die Sache durch eine Beispielaufgabe nicht vereinfacht wird.

Tun Sie jetzt so, als hätten Sie die Frage richtig beantwortet und lesen Sie auf Seite 63 weiter.

Wenn Sie auf dem direkten Weg hierher gekommen sind, so ist Ihnen zunächst einmal ein gutes Augenmaß zu bescheinigen. Ich habe niemals empfohlen, jeder Zielbeschreibung eine Beispielaufgabe anzufügen.

Sie sehen, wir suchen nach dem einfachsten und praktischsten Weg, unsere Absichten in ein bis drei Sätzen zu beschreiben. Wenn wir uns dabei dann einmal im Gestrüpp unserer eigenen Formulierungen zu verbiestern drohen, dann können wir uns wieder freikämpfen, indem wir einfach die Tätigkeit beschreiben und zur Erläuterung der Bedingungen, unter denen diese Tätigkeit ausgeführt werden soll, eine Beispielaufgabe anfügen. Soviel dazu.

Nun einige weitere Übungen im Erkennen der *Bedingungen,* unter denen die gewünschte Tätigkeit ausgeführt werden soll. Lesen Sie die folgende Beschreibung und streichen Sie die Wörter an, die etwas über die für die Ausführung der Tätigkeit bedeutsamen Bedingungen aussagen.

Sie haben einen Gleichstrommotor mit zehn PS oder weniger, der einen einzigen Fehler hat: mit einem Satz Werkzeugen und schriftlichen Unterlagen über den Motor soll er innerhalb von fünfundvierzig Minuten repariert werden können; nach der Reparatur soll er wieder mit Werten arbeiten, die um nicht mehr als 5% von denen des Herstellers abweichen.

Wenn Sie die Bedingungen angestrichen haben, schlagen Sie bitte Seite 65 auf.

Sie haben einen <u>Gleichstrommotor mit zehn PS</u> oder weniger der <u>einen einzigen Fehler</u> hat: mit einem <u>Satz Werkzeugen</u> und <u>schriftlichen Unterlagen über den Motor</u> soll er innerhalb von 45 Min. repariert werden können; nach der Reparatur soll er wieder mit Werten arbeiten, die um nicht mehr als 5% von denen des Herstellers abweichen.

Die unterstrichenen Wörter sagen etwas über die Bedingungen aus, unter denen das gewünschte Verhalten geäußert werden soll. Sie sagen, womit die Lernenden arbeiten oder was sie bearbeiten. Die Zeitangabe und die Aussage nach dem letzten Semikolon beschreiben die Grenzen der akzeptablen Ausführung der Tätigkeit, denn sie sagen wie schnell und wie genau gearbeitet werden soll.

Mancher mag der Ansicht sein, daß die Zeitbeschränkung als eine Bedingung für die Ausführung der Tätigkeit anzusehen ist. Man könnte argumentieren, daß sie etwas über den Zeitdruck aussagt, unter dem gearbeitet werden muß. Offen gesagt, mir ist es gleichgültig, ob dieser Teil der Beschreibung als Bedingung oder als Kriterium für die akzeptable Ausführung der Arbeit angesehen wird – wichtig ist allein, daß es erwähnt wird, wenn es ein wesentlicher Teil der Beschreibung ist. Die Deutlichkeit der Beschreibung zählt mehr als die richtige Benennung ihrer Bestandteile.

Wenden wir uns einer nächsten Übungsaufgabe zu. Unterstreichen Sie die Bedingungen und vergleichen Sie Ihre Antwort dann mit meiner.

Sie sollen ohne Hilfsmittel erinnern (aufschreiben), auf welche wenigstens sieben Merkmale eines Patienten der Therapeut reagieren sollte und auf welche wenigstens fünf Merkmale er nicht reagieren sollte.

Weiter auf Seite 67.

Sie sollen <u>ohne Hilfsmittel</u> erinnern (aufschreiben), auf welche wenigstens sieben Merkmale eines Patienten der Therapeut reagieren sollte und auf welche wenigstens fünf Merkmale er nicht reagieren sollte.

Die einzige hier erwähnte Bedingung ist „ohne Hilfsmittel". Alle anderen Aussagen beziehen sich darauf, was getan werden soll und wie gut es getan werden soll.

Frage: Wenn in einer Zielbeschreibung nicht ausdrücklich die Verwendung von Hilfsmitteln gestattet ist, sollten wir dann nicht annehmen, daß ihre Verwendung nicht erlaubt ist? Sollten wir in diesem Fall nicht unterstellen, daß „ohne Hilfsmittel" gemeint ist? Wäre das nicht eine vernünftige Schlußfolgerung? – Da ich aber nicht weiß, was sich der Autor der Zielbeschreibung gedacht hat, kann ich auch nicht sagen, ob diese Schlußfolgerung vernünftig wäre oder nicht. Warum wollen Sie beim Beschreiben von Unterrichtszielen das vermeidbare Risiko eingehen, mißverstanden zu werden? Warum schreiben Sie nicht die wenigen Worte hin, um klar zu sagen, was Sie meinen. Dann kann sich der Leser sicher fühlen und ist nicht auf Vermutungen angewiesen.

Weiter auf Seite 68.

Wieviele Bedingungen?

Sollte jede Zielbeschreibung die Bezeichnung von Bedingungen enthalten?
Wie genau sollen diese Bedingungen beschrieben werden?
Die Antwort auf diese Frage ist: die Beschreibung eines Unterrichtsziels sollte
so ausführlich sein, daß jeder, der etwas damit zu tun hat, weiß, was Sie vom
Lernenden erwarten. Wenn Ihre Erwartungen durch die schlichte Beschrei-
bung der gewünschten Tätigkeit und die Maßstäbe für ihre Beurteilung (die
Grenze für eine akzeptable Ausführung) hinreichend klar benannt sind, dann
können Sie auf die Angabe von Bedingungen verzichten. Woran merkt man,
ob die Bedingungen klar genug bestimmt sind? – Geben Sie doch Ihren
Entwurf der Zielbeschreibung einem oder zweien Ihrer Schüler und fragen Sie
sie, was sie meinen tun zu müssen, um zu zeigen, daß sie das Ziel beherrschen.
Wenn die Antworten mit Ihren Vorstellungen übereinstimmen, können Sie
zufrieden sein. Wenn nicht, müssen Sie die eine oder andere Verbesserung
anbringen. Aber beachten Sie das eherne Gesetz der Zielbeschreibung:

*Wenn es unterschiedliche Auffassungen über die Bedeutung einer Zielbe-
schreibung gibt, hilft nicht argumentieren sondern formulieren.*

Der Zweck einer Zielbeschreibung ist, anderen etwas mitzuteilen. Wenn die
Botschaft bei einem Empfänger anders ankommt, als beabsichtigt, so helfen
nicht Argumentation und Verteidigung, sondern nur die Umformulierung der
Botschaft.
Vorerst haben Sie genug Übung im Erkennen von Bedingungen – die
Grundidee dürfte Ihnen jedefalls vertraut sein. Zur Verfeinerung Ihrer
Fertigkeit folgen später weitere Übungen. Wir wenden uns jetzt dem letzten
Merkmal einer brauchbaren Zielbeschreibung zu, der unteren Grenze für eine
akzeptable Ausführung der Tätigkeit.

Zweite Zusammenfassung

1. Eine Zielbeschreibung bezeichnet ein beabsichtigtes Ergebnis von Unterricht oder Ausbildung, nicht ein Unterrichts- oder Ausbildungsverfahren.

2. Eine Zielbeschreibung bezeichnet immer eine Tätigkeit, etwas, was der Lernende TUT, wenn er zeigt, daß er das Unterrichtsziel beherrscht.

3. Zu einer Zielbeschreibung gehört:

   a) eine Aussage, die Ihre Hauptabsicht oder die vom Lernenden erwartete Tätigkeit bezeichnet; und falls diese Tätigkeit nicht geäußert wird,

   b) die Benennung eines Indikatorverhaltens, durch das die Haupttätigkeit erkennbar wird.

   c) Die Beschreibung relevanter oder wichtiger Bedingungen, unter denen die Tätigkeit ausgeführt werden soll. Wenn es zweckmäßig erscheint, kann diese Beschreibung auch durch die Angabe einer Beispielaufgabe ersetzt werden. Machen Sie die Beschreibung so ausführlich, daß andere Ihre Absichten richtig verstehen.

6. Kriterien

Wenn wir beschrieben haben, wozu wir die Lernenden befähigen wollen (was sie tun können sollen), so können wir den Gehalt unserer Botschaft noch wesentlich steigern, indem wir mitteilen, *wie gut* sie es tun können sollen. Das können wir erreichen, indem wir beschreiben, welches das Kriterium (die untere Grenze) für eine ausreichende Leistung ist. Ein Kriterium ist ein Maßstab für die Bewertung der Tätigkeit oder der Leistung, die Norm, an der die Erfüllung des Ziels gemessen wird.

Wenn wir das Kriterium für die ausreichende Ausführung der Tätigkeit für jedes Unterrichtsziel festgelegt haben, so haben wir zugleich auch einen Maßstab für die Bewertung unseres Unterrichts; wir haben damit die Mittel, um festzustellen, ob unser Unterricht im Hinblick auf unsere Zielsetzungen erfolgreich war oder nicht. Wenn wir z. B. aufgrund all unserer Kenntnisse und Lebenserfahrung jemanden bei einer bestimmten Tätigkeit nur dann für kompetent halten können, wenn er diese Tätigkeit innerhalb eines festgelegten Zeitraumes ausführen kann, so müssen wir den Lernenden eben solange unterrichten und ausbilden, bis er die entsprechende Leistung bringt. Wir wissen dann ebenso wie der Lernende, welche Leistungsnorm (Genauigkeit, Schnelligkeit o. ä.) erreicht oder überboten werden muß. Als nächstes müssen wir also versuchen, in unserer Zielbeschreibung auszudrücken, welche Qualität der Ausführung mindestens erreicht werden muß; dazu müssen wir einige Wörter anfügen, die dieses Erfolgskriterium beschreiben.

Bevor wir allerdings weitergehen, entscheiden Sie bitte, welche der folgenden Aussagen Ihre gegenwärtige Meinung am besten trifft, und schlagen Sie dann die entsprechende Seite auf.

Viele der Dinge, die ich in meinem Unterricht lehre, sind nicht faßbar und *können nicht* gemessen werden . . . . Seite 73
Zeigen Sie mir, wie ein Kriterium für die akzeptable Ausführung beschrieben wird . . . . Seite 74

Gelegentlich hört man die Frage, ,,Warum soll man sich eigentlich um Zielbeschreibungen kümmern? Wenn man gute Testaufgaben hat, sind dann nicht Zielbeschreibungen überflüssig?''

Diese Frage ist einiger Bemerkungen würdig.

Vielleicht kann ich die Beziehung zwischen Zielbeschreibung und Testaufgaben dadurch erklären, daß ich die Frage in ein anderes Fachgebiet übersetze: ,,Wenn sie ein Bandmaß haben, mit dem Sie die Maße eines Gebäudes ermitteln können, warum brauchen Sie dann noch eine Zeichnung?'' ANTWORT: Damit man weiß, ob das fertige Gebäude so aussieht, wie es geplant war und damit ähnliche Gebäude in entsprechender Weise gebaut werden können. Ähnliches gilt für Zielbeschreibungen. Wenn man nur Testaufgaben hat,

- *würde man nicht wissen, welches die entscheidenden Teile der Fähigkeiten sind, die im Unterricht entwickelt werden sollten,*
- *würde man nicht wissen, worauf es bei der Entwicklung neuer oder weiterer Testaufgaben ankäme, mit denen dann auch bestimmt werden sollte, ob die wichtigsten Zielsetzungen erreicht wurden,*
- *würde man schließlich nicht wissen, ob die Lernenden die entsprechende Fähigkeit in dem notwendigen Umfang und der Ausprägung, die als ausreichend angesehen wird, erworben haben.*

Zielbeschreibungen bezeichnen also das Ziel, das wir ansteuern, während Testaufgaben das Mittel sind, mit dem wir herausfinden, ob wir auch angekommen sind.

Schon gut ... schon gut ... aber wenn Sie Dinge lehren, die nicht festgestellt werden können, dann sind Sie in der üblen Lage, daß Sie nicht belegen können, daß Sie überhaupt etwas lehren. Mein Ansatz hier bezieht sich nicht auf die Frage, ob alle wichtigen Dinge gemessen oder bewertet werden können oder nicht. Hier geht es ganz schlicht darum, ob die Brauchbarkeit einer Zielbeschreibung dadurch verbessert werden kann, daß klar gesagt wird, wie gut der Lernende etwas ausführen muß, damit seine Leistung akzeptiert wird. In einigen Fällen ist ein solches Kriterium entscheidend, in anderen Fällen ist es nur von geringer Bedeutung. Aber die Angabe eines solchen Kriteriums in einer Zielbeschreibung ist ein Mittel, um wichtige Bestandteile dessen, was unsere Lernenden können sollen, mitzuteilen.

Wo Sie nun gerade diese Seite lesen, darf ich vielleicht noch darauf hinweisen, daß es in fast allen Fällen möglich ist, das „Unfaßbare" bis zu einem Punkt zu analysieren, bei dem es durchaus faßbar und meßbar wird. Es gibt zumindest ein Verfahren dafür, das wir Zielanalyse[1] nennen und wir benutzen dieses Verfahren immer dann, wenn wir meinen, daß Lernende bestimmte Einstellungen, Motivationen, Verpflichtungen usw. erwerben sollten. Diese abstrakten Zustände oder Bedingungen können fast immer in Richtung auf wichtige Tätigkeiten und Verhaltensweisen analysiert werden, die Sie letzten Endes bestimmen. Und ehe solche abstrakten Zustände nicht in die sie bestimmenden Tätigkeiten und Verhaltensweisen zergliedert sind, fehlen auch die Grundlagen für Entscheidungen über die Mittel und Wege, sie zu erreichen. Das Unfaßbare ist häufig nur deshalb unfaßbar, weil wir bisher zu faul waren, darüber nachzudenken, was es denn eigentlich ist, was die Lernenden, die Schüler, die Lehrlinge, die Studenten usw. tun können sollen.

---

1 Lesen Sie dazu: R. F. Mager: Zielanalyse, Beltz, Weinheim 1975[2]

Weiter auf Seite 74.

Gut – sehen wir uns also einige Möglichkeiten an, um die als akzeptabel geltende Ausführung der Tätigkeit in einer Zielbeschreibung genauer zu bestimmen.

Wir müssen uns darüber klar sein, daß wir nicht nach dem Kriterium für gerade noch ausreichende Leistung, für die Minimalleistung suchen. Wir suchen nach der Bestimmung für die erwünschte Ausführung, für die erwünschte Leistung. Das ist in einigen Fällen eine Leistung an der unteren Grenze, in anderen Fällen aber bedeutet es, daß eine bestimmte Zahl von Fehlern hingenommen werden kann, in anderen Fällen kann kein einziger Fehler zugelassen werden. In jedem Fall müssen Sie all Ihre Kenntnisse, Weisheiten und Erfahrungen befragen, wenn Sie festlegen, wie gut ein Lernender eine Tätigkeit ausführen muß, damit sie als akzeptabel gelten kann und ob die angestrebte Tätigkeit nur so leidlich oder perfekt beherrscht werden muß.

Und es bedarf keines großen Nachdenkens, um zu bemerken, daß das, was in einer bestimmten Situation durchaus hingenommen werden kann, in einer anderen Situation völlig unzulässig ist. Während es bei einem Arbeiter in der Versandabteilung durchaus hingenommen werden kann, daß der eine oder andere seiner Knoten rutscht, so möchte ich doch bezweifeln, daß man ein solches Leistungsniveau bei einem Chirurgen zulassen dürfte. Wenn Sie also die Formulierung „akzeptable Leistung" oder „adäquate Leistung" hören, übersetzen Sie sie in „erwünschte Leistung" und beschreiben Sie dann das entsprechende Kriterium.

Geschwindigkeit

Häufig gilt die Zeit, in der die entsprechenden Aufgaben erfüllt werden müssen, als ein Kriterium für die akzeptable Ausführung der Tätigkeit. Eine solche Zeitgrenze ist häufig schon durch die Dauer der Prüfung vorgegeben. Wenn die Geschwindigkeit der Ausführung wichtig ist, so ist es jedoch vorzuziehen, das ausdrücklich und genauer mitzuteilen; dann braucht niemand darüber zu rätseln, was Sie sich über seine Leistung vorstellen. Wenn die Zeit tatsächlich von Bedeutung ist, dann ist es nur fair, dieses Kriterium den Lernenden mitzuteilen. Sehen Sie sich dazu den folgenden Dialog an:

Lehrer: Du bist durchgefallen!
Schüler: Aber ich bin die 100 Meter gelaufen, wie Sie gesagt haben.
Lehrer: Ja, ja, aber Du warst zu langsam.
Schüler: Aber Sie haben mir nicht gesagt, wie schnell ich sein muß.

Lehrer: Würde ich dich auffordern zu laufen, wenn ich nicht meinen würde, daß du schnell laufen sollst? Du hättest wissen müssen, daß es auf die Geschwindigkeit ankommt.

Wenn die Geschwindigkeit wichtig ist, so sagen Sie es einfach in der Zielbeschreibung und es werden sich mehr Leute so verhalten, wie Sie es beabsichtigen.

Wenn Sie nicht die Absicht haben, die Geschwindigkeit zur Bewertung der Leistung zu berücksichtigen, dann brauchen und sollten Sie keine Zeitbegrenzung angeben und vorschreiben. Es sollte die Regel gelten, daß nur solche Kriterien zur Geltung kommen, die auch bedeutsam sind. Wenn es bedeutsam ist, daß das Laufen unter einem Geschwindigkeitskriterium erfolgt, dann sollte die Zielbeschreibung besser lauten:

Die 100 Yards-Strecke auf einer trockenen Bahn innerhalb von 14 Sekunden laufen können.

So weiß jedermann, was getan werden soll, wo es getan werden soll und wie schnell es getan werden soll.

Lassen Sie uns das Erkennen von Kriterien in Zielbeschreibungen etwas üben. Lesen Sie die folgenden Beschreibungen. Schlagen Sie dann die Seite auf, deren Seitenzahl unter den Wörtern steht, die Ihrer Meinung nach das Kriterium für eine akzeptable Leistung beschreiben; das sind die Wörter, die Ihnen sagen, wie gut der Lernende die Tätigkeit ausführen soll.

Bei einer beliebigen Zentrifugalpumpe mit einer einzigen Störung soll diese gefunden (beschrieben und gezeigt)

Seite 77

werden, wenn ein Symptom für die Störung angegeben wird. Alle benötigten Werkzeuge, Instrumente und Beschreibungen dürfen benutzt werden.

Vier von fünf Störungen sollen innerhalb von jeweils zehn Minuten gefunden werden.

Seite 78

Wenn Sie glauben, daß „gefunden (beschrieben und gezeigt)" die Beschreibung eines Kriteriums für eine akzeptable Ausführung ist, so irren Sie. Für Sie geht es anscheinend immer noch um die Tätigkeit selbst und nicht um die Qualität der Ausführung. Zwar freue ich mich, daß Sie das entscheidende Merkmal einer Zielbeschreibung immer noch erinnern (denn die von Ihnen ausgewählten Wörter sagen aus, was der Lernende tun können soll, sie sagen aber nicht, wie gut er es tun soll), aber hier geht es um etwas anderes.

Vielleicht könnte man aber auch argumentieren, daß der von Ihnen ausgewählte Teil indirekt ein Kriterium enthält. „Die Zielbeschreibung sagt, daß Leute auf Störungen zeigen können sollen. Das ist alles, was beabsichtigt ist" so könnte man sagen. Gut, aber dann geht die Beschreibung weiter und es folgt etwas, da sehr klar bestimmt, wie gut dieses „Zeigen auf Störungen" gemacht werden soll. Lassen Sie uns nicht schlußfolgern und denken, wenn Erklärungen vorliegen oder leicht ergänzt werden können.

Wenn Sie nach Aussagen suchen, die ein Kriterium für eine akzeptable Ausführung beschreiben, so suchen Sie nach der Antwort auf die Frage „Wie gut muß der Lernende etwas ausführen, damit er das Unterrichtsziel beherrscht?"

Schlagen Sie jetzt wieder Seite 75 auf und lesen Sie die Aufgabe noch einmal.

Sie sagten, „Vier von fünf Störungen sollen innerhalb von jeweils zehn Minuten gefunden werden" sei das Kriterium. Sie haben Recht.

Aus dieser Zielbeschreibung ist zu ersehen, daß die Lernenden Störungen in Zentrifugalpumpen auffinden sollen; das ist die Hauptabsicht dieses Teils der Ausbildung. Wie gut müssen sie dies ausführen, damit es akzeptiert wird? Nun, jeder Lernende wird fünf Pumpen bekommen; jede dieser Pumpen wird eine Störung enthalten, und der Lernende wird vier der fünf Störungen in jeweils zehn Minuten auffinden müssen. Diejenigen, die diese Anzahl von Störungen nicht in dieser Zeit finden, können die Sache eben noch nicht gut genug.

„Woher kommen eigentlich die zehn Minuten?" kann man fragen. Warum nicht 12 Minuten oder eine halbe Stunde? Zunächst einmal, weil der Verfasser der Zielbeschreibung entschieden hat, daß diese Leistung eine ausreichende Vorbereitung für die folgenden Ausbildungsabschnitte oder Unterrichtseinheiten, für das Erlernen schwieriger und komplizierterer Aufgaben, z.B. das Reparieren von Pumpen oder das Überwachen von Reparaturarbeiten ist. Mitunter ist die Entscheidung über das Kriterium völlig willkürlich. (In einem solchen Fall ist es besonders wichtig, den Lernenden das Kriterium mitzuteilen, denn sonst haben sie überhaupt keine Möglichkeit, sich darauf einzustellen.) Häufig wird das Kriterium nach den Antworten auf die folgende Frage bestimmt:

1. Wie gut muß der Lernende die Aufgabe erfüllen können, damit die weitere Steigerung seiner Fertigkeit nur noch der Übung bedarf?
2. Welche Voraussetzungen benötigt der Lernende für die nächsten Schritte (z.B. das nächste Unterrichtsziel, den nächsten Lehrgang oder die Berufstätigkeit)?

Bestimmen Sie das Kriterium zunächst so gut Sie können; wenn nötig, verändern Sie es dann so, daß es vernünftig und anwendbar wird.

Genauigkeit

Die Geschwindigkeit ist nur ein Gesichtspunkt für die Festlegung des Erfolgskriteriums. Mitunter ist die Genauigkeit der Ausführung wichtiger als die Geschwindigkeit und in anderen Fällen sind sowohl Geschwindigkeit als auch Genauigkeit von Bedeutung. Hier ein Beispiel für die Genauigkeit:

Auf einer beliebigen Uhr die angezeigte Zeit auf die Minute genau ablesen können

Da die Geschwindigkeit der Ausführung unbedeutend ist, wird auch kein Zeitkriterium angegeben.
Ihre Zielbeschreibung könnte auch Kriterien wie die folgenden enthalten:

... und die Lösungen müssen auf ganze Zahlen genau sein.
... wobei die Materialien auf ein Gramm genau gewogen werden müssen.
... auf mindestens drei Stellen genau.
... mit höchsten zwei falschen Eintragungen auf jeweils zehn Seiten des Logbuchs.
... , wobei mindestens so genau zugehört werden muß, daß bei einem Kundenkontakt höchstens eine Nachfrage zur Wiederholung einer Information erfolgt.

Beschreiben Sie das Kriterium Ihren Schülern mit den Worten und Mitteln, die diese verstehen; sie sollen wissen, nach welchen Gesichtspunkten Sie entscheiden, wer fähig ist und wer nicht.

Versuchen Sie es mit dem folgenden Beispiel:
Schlagen Sie bitte diejenige Seite auf, die hinter den Wörtern angegeben ist, die das Kriterium für eine akzeptable Ausführung bezeichnen.
Gegeben sind ein Kompaß, ein Lineal mit Maßeinteilung und
Papier . . . . Seite 80
Damit soll jeder beliebige Winkel größer als fünf Grad
konstruiert und halbiert werden können . . . . Seite 81
Die Halbierungen müssen auf ein Grad genau sein . . . . Seite 83

Hoppla! Sie sagten, daß „gegeben sind ein Kompaß, ein Lineal mit Maßeinteilung und Papier" das Kriterium für eine akzeptable Leistung sei. Wie können Sie nur?

Sehen Sie sich die Formulierung noch einmal an und beantworten Sie dann die Frage „Wie genau muß der Winkel halbiert werden, damit die Leistung des Schülers gut genug ist?" Geht aus den von Ihnen genannten Wörtern die Antwort hervor? Nein. Sie sagen lediglich aus, womit der Schüler arbeiten muß, wenn er die gewünschte Tätigkeit ausführt.

Sagen Sie jetzt ehrlich: Warum haben Sie diese Seite aufgeschlagen?
Ich habe wirklich gedacht, daß es die richtige Antwort ist . . . . . Seite 79
Oh, ich wollte nur wissen, was Sie dazu sagen würden . . . . Seite 83

Sie sagten, „konstruiert und halbiert werden können" bezeichne ein Kriterium.

Nein, diese Worte beschreiben eine Tätigkeit. Sie sagen, was der Lernende tun können soll, aber sie sagen nicht, wie gut er es tun können soll. Wenn Sie nach Wörtern suchen, die ein Kriterium beschreiben, so stellen Sie sich selbst Fragen wie die folgenden:

– Wie gut muß der Lernende die Aufgabe erfüllen?
– Woran merke ich, daß der Lernende die Aufgabe gut genug beherrscht, so daß ihm bescheinigt werden kann, daß er das Ziel erreicht hat?

Schlagen Sie jetzt Seite 79 auf, und sehen Sie sich die Sache noch einmal an.

Vielleicht haben Sie in ihrer Lehrtätigkeit auch schon Erfahrungen wie diese gemacht.

In einem Algebrakurs für das siebte Schuljahr gibt ein Lehrer sehr gekonnt Anleitung beim Lösen einfacher Gleichungen, und er erreicht, daß alle Schüler ausreichend Übung haben, um sich ihres Könnens sicher zu fühlen. Dann wird eine Klassenarbeit geschrieben, in der die Aufgaben aber größtenteils Textaufgaben sind – die Schüler schneiden recht schlecht ab. Der Lehrer rechtfertigt sich für diese kleine Abweichung in der Prüfung damit, daß die Schüler die Algebra ,,nicht richtig verstanden'' haben, wenn sie nicht auch Textaufgaben lösen können.

Wahrscheinlich hat der Lehrer recht. Aber die Fähigkeit, Gleichungen zu lösen, unterscheidet sich erheblich von der Fähigkeit, Textaufgaben zu lösen. Wenn er möchte, daß seine Schüler Textaufgaben lösen können, so hätte er es ihnen auch beibringen müssen.

Erwarten Sie von Ihren Lernenden nicht, daß sie die Fähigkeit B beherrschen, wenn sie bloß Gelegenheit hatten, die Fähigkeit A zu erwerben.

Sie sagten, ,,Die Halbierungen müssen auf ein Grad genau sein'' sind die Worte, die das Erfolgskriterium beschreiben.

Das ist genau richtig. Aufgrund dieser Worte können wir sagen, wann einem Schüler bescheinigt werden darf, daß er das Unterrichtsziel erreicht hat.

Qualität

Vielfach sind weder die Geschwindigkeit noch die Genauigkeit der Ausführung die entscheidenden Kriterien. Statt dessen muß die Tätigkeit andere Qualitätsmerkmale aufweisen, damit sie als akzeptabel gelten kann.

Beispiel: Eine der Fertigkeiten, die das Wartungspersonal eines bestimmten Raketentyps beherrschen muß, bezieht sich auf die Einstellung eines runden Bildschirms, der hier PPI heißt. Auf diesem Bildschirm wird eine runde elektronisch erzeugte Bereichsmarkierung abgebildet; diese Bereichsmarkierung muß durch das Wartungspersonal so eingestellt werden, daß sie rund ist. Aber wie rund? Was ist rund genug? Sie sehen, es hilft nicht viel, den Leuten zu sagen, daß sie *sehr rund* sein soll. Und es hilft sicher auch nicht viel, diese Wörter zu unterstreichen. Unterstreichungen oder Kursivdruck können darauf hinweisen, daß die Rundheit wichtig ist, sie sagen aber nichts über das erforderte Maß der Rundheit.

Wie kann man nun mitteilen, welche Qualität der Ausführung dieser Tätigkeit gewünscht wird? Eine Möglichkeit besteht darin, daß man die tolerierbare Abweichung von der perfekten Einstellung oder von einer anderen Norm bestimmt. Wir könnten eine runde Platte auf dem Bildschirm anbringen und den Lernenden sagen, daß ihre Bereichsmarkierung dann rund genug ist, wenn kein Teil mehr als 3 mm von der Standardform der Platte abweicht. Die Zielbeschreibung könnte dann vielleicht wie folgt aussehen:

Gegeben sind ein funktionsfähiges XX-1-Raketensystem und ein Standardsatz von Werkzeugen; damit soll die PPI Bereichsmarkierung innerhalb von 45 Sekunden ausreichend genau eingestellt werden. Ausreichend genau heißt hier: Kein Teil der Markierung darf mehr als 3 mm von der vorgegebenen runden Normplatte abweichen.

Beachten Sie, daß in diesem Fall Qualität und Geschwindigkeit der Ausführung von Bedeutung sind.

Es würde nicht ausreichen, mit dem PPI-Bildschirm stundenlang herumzufummeln. Die Konsequenzen wären einfach zu teuer.

84

Andere Beispiele für Qualitätskriterien finden sich in dem Seminar, das Peter
Pipe und ich entwickelt haben, um Leuten Planung und Durchführung von
kriterienbezogenem Unterricht (CRI)[1] beizubringen. Eine Einheit dieses
Seminars verlangt von den Teilnehmern, daß sie „zusammenhängend und
schlüssig" über kriterienbezogenen Unterricht sprechen können. Aber was
heißt zusammenhängend und schlüssig in diesem Zusammenhang? Nun es
heißt zumindest, daß sie klar und genau sprechen sollen. Oh! Je!, und was heißt
das? Sie sehen, eine bessere Definition dieses Kriteriums ist unbedingt
notwendig. Wir beschrieben das Ziel wie folgt:

*Sie haben Zugang zu allen vorhandenen Informationsquellen. Sie sollen
dann eine Videoaufzeichnung eines Gesprächs über die Vorteile kriterienbezogenen Unterrichts vorbereiten und präsentieren; in dem Gespräch
werden Sie eine Gruppe aus Vorgesetzten, aus Kollegen oder aus der
Öffentlichkeit informieren. Es wird erwartet, daß Sie die Gruppe, an die Ihr
Gespräch gerichtet ist, genauer bestimmen.*
Das Gespräch sollte

- *mindestens fünf Merkmale, in denen sich CRI von üblichem Unterricht
unterscheidet, beschreiben*
- *mindestens drei übliche Mißverständnisse über kriterienbezogenen
Unterricht antizipieren und entsprechende Entgegnungen anbieten und*
- *mindestens zwei Vorzüge des CRI darstellen, die für Ihre spezifische
Zuhörerschaft attraktiv sind.*

Das Gespräch sollte nicht länger als 10 Minuten dauern.

Sie wissen jetzt eine ganze Menge mehr über die erwartete Leistung als aus den
Worten „zusammenhängend und schlüssig" zu entnehmen ist.
Die Teilnehmer des Seminars dürfen – was sie häufig auch tun – wesentlich
mehr in ihre Videoaufzeichnungen hineinnehmen als oben gefordert ist. Aber
die Bewertung der Videoaufzeichnungen wird sorgfältig auf die in der
Beschreibung bestimmten Kriterien begrenzt; es wäre ausgesprochen unfair,
wenn wir uns hier anders verhalten würden (z.B. „klar, Sie haben alle
Anforderungen bei Ihrer Videoaufzeichnung erfüllt, aber Sie lächeln nicht oft
genug, so daß wir Ihnen zehn Punkte für schlechtes Auftreten abziehen
müssen").

---

1 criterion referenced instruction (Übers.)

Hinweis auf das Kriterium

Es gibt mindestens drei Wege, ein Kriterium anzuzeigen, ohne es ausdrücklich in der Zielbeschreibung zu formulieren. Alle diese Wege beinhalten einen Hinweis auf das Kriterium:

1. Wenn das beabsichtigte Kriterium in einem Dokument oder sonstwo ausführlich beschrieben ist, so kann auf diese Quelle in der Zielbeschreibung mit wenigen Worten verwiesen werden. Beispiel:
   ... entsprechend der ... Normenliste, Ausgabe 1977.
   ... Kriterium: Herstellerangaben aus dem Wartungsmanual, Ausgabe 1979.
   ... entsprechend den auf Seite 33 in Handbuch 27/1 beschriebenen Kriterien.

Dieses Verfahren sollte allerdings nur benutzt werden, wenn die in der genannten Quelle angegebenen Kriterien klar und eindeutig beschrieben sind und wenn die Quelle sowohl Lernenden wie Lehrenden jederzeit zugänglich ist.

2. Wenn das erwünschte Verhalten aus einer Abfolge von Schritten besteht und wenn dafür eine Prüfliste (Checklist) vorliegt, so kann auf diese Prüfliste zur Bestimmung des Kriteriums (oder eines der Kriterien) hingewiesen werden. Beispiel:
   ... Kriterium: alle Schritte sollen so gut und in derselben Reihenfolge ausgeführt werden, wie in der Cheeky Checklist für richtiges Küssen beschrieben.
   ... wobei jeder Handgriff in der Qualität (die Reihenfolge spielt keine Rolle) den in der Ausführungs-Prüfliste von Turgid Terpsichore genannten Anforderungen entsprechen soll.
3. In sehr seltenen Fällen mag es auch angemessen sein, auf die kompetente Ausführung einer Tätigkeit, wie sie in einem Film oder in einer Videoaufzeichnung dargestellt ist, zu verweisen; man sagt dann im Prinzip „mach es so, wie dort". Das kann dann sinnvoll sein, wenn die Tätigkeit komplexe, schwierige Bewegungen beinhaltet, die auch schwierig zu beschreiben sind, beispielsweise Tanzschritte, Kunstsprünge oder Unterwassermanöver. Ich habe einige Hemmungen, dieses Verfahrens zu erwähnen, weil ich fürchte, daß dies als ein Freibrief benutzt wird, der einem erlaubt, nur auf einen Film oder auf eine Videoaufzeichnung hinzuweisen, ohne überhaupt die wichtigsten Merkmale der gewünschten Tätigkeit in der Zielbeschreibung

selbst aufzuführen. Eine solche Praxis wäre fast ebenso wenig informativ wie das andere falsche Kriterium „so. daß der Lehrer damit zufrieden ist". Beziehen Sie sich nur dann auf einen Film, auf eine Videoaufzeichnung oder andere Dokumente, wenn diese wirklich helfen, das gewünschte Kriterium allen, die es angeht, klar zu machen.

Bedingung oder Kriterium?

Mitunter fällt es beim Lesen einer Zielbeschreibung nicht leicht, zu entscheiden, ob eine bestimmte Formulierung eine Bedingung oder ein Kriterium betrifft. Mitunter hängen beide sehr eng miteinander zusammen. Z.B.:

Unmittelbar aufeinanderfolgend dreißig Liegestützen, dreißig Kniebeugen und zehn Klimmzüge ohne mechanische Hilfsmittel machen können.

Was ist hier das Kriterium? Ist es die Anzahl der Handlungen, die ausgeführt werden müssen? Wahrscheinlich, aber kann man darin nicht ebenso eine Bedingung für die Ausführung der Tätigkeit sehen? Andere würden vielleicht sagen „ohne mechanische Hilfsmittel" ist Teil des Kriteriums. Sie könnten argumentieren: ein Kriterium sagt, wie gut eine Tätigkeit ausgeführt werden muß und in diesem Fall muß die Ausführung so gut sein, daß sie ohne mechanische Hilfsmittel erfolgt. Wer hat recht?
Diese Frage ist keine Diskussion wert. Wichtig ist allein, daß eine Zielbeschreibung so lange verfeinert wird, bis sie die Absichten des Schreibers mitteilt. Wenn sie die folgenden Fragen beantwortet, würde ich sie als brauchbar ansehen, und zwar unabhängig davon, ob wir in der Benennung ihrer Einzelteile übereinstimmen oder nicht?
– Welche Hauptabsicht wird in dieser Zielbeschreibung benannt?
– Was muß der Lernende tun, wenn er zeigt, daß er das Unterrichtsziel erreicht hat?
– Womit oder woran muß der Lernende etwas tun? Und was darf er gegebenenfalls nicht benutzen?
– Woran erkennen wir, daß die Tätigkeit so gut ausgeführt wurde, daß sie als akzeptabel einzuschätzen ist?
Wenn Sie ein Kriterium nicht mit der Klarheit, die Ihnen an sich wünschenswert erscheint, bestimmen können, so sollte Sie das nicht davon abhalten, die Lernenden und die Kollegen wenigstens so vollständig wie möglich zu informieren. Sie sollten sicher in der Lage sein, für das, was Ihnen wichtig genug erscheint, um einen nennenswerten Teil Ihrer Unterrichtszeit darauf zu

verwenden, auch Maßstäbe der Bewertung zu finden. Wenn Ihnen das nicht gelingt, so sollten Sie überprüfen, ob Sie sich in der Einschätzung der Wirklichkeit dieser Inhalte nicht getäuscht haben.

Dritte Zusammenfassung

1. Eine Zielbeschreibung ist eine Ansammlung von Wörtern, Symbolen und/oder Bildern, die eine ihrer wichtigen Absichten beschreiben.

2. In einer Zielbeschreibung werden Sie Ihre Absichten um so deutlicher mitteilen, je genauer Sie beschreiben, was der Lernende TUN wird, wenn er zeigt, daß er das Unterrichtsziel erreicht hat, je genauer Sie die wichtigen Bedingungen für die Ausführung angeben und je präziser Sie die Kriterien bestimmen, nach denen die Leistung bewertet werden wird.

3. Damit eine Zielbeschreibung als brauchbar gelten darf, muß ihr Entwurf so lange überarbeitet werden, daß die folgenden Fragen beantwortet werden:
   – Was sollen die Lenenden tun können?
   – Welches sind die wichtigsten Bedingungen oder Schwierigkeiten, unter denen sie es tun sollen?
   – Wie gut muß die Ausführung sein, damit ich zufrieden bin?

4. Schreiben Sie für jedes wichtige Ergebnis oder jede wichtige Absicht einen eigenen Abschnitt; schreiben Sie so viel, wie Sie meinen zu benötigen, um Ihre Absichten mitzuteilen.

5. Wenn Sie die Beschreibungen Ihrer Ziele Ihren Lernenden geben, so kann es geschehen, daß Sie gar nicht mehr viel zu tun haben.
   Warum? Weil die Lernenden häufig schon können, was Sie ihnen noch beibringen wollen; in einem solchen Fall werden sie darauf brennen, ihre Fähigkeiten auch zu zeigen, nachdem sie nun wissen, was Sie von ihnen erwarten.

7. Fallgruben und Fußangeln

In den vergangenen Jahren haben diejenigen, die sich mit der systematischen Planung von Unterricht befaßten, eine Vielzahl überzeugender – aber auch mißbräuchlicher Anwendungen von Zielbeschreibungen erlebt. Uns wurden die absurdesten Formulierungen als Zielbeschreibungen verkauft, uns wurden verwirrende Phrasen und unnütze Worte vorgelegt, wir haben großartige Formulierungen gesehen, die niemandem irgend etwas nützten. Auf der anderen Seite haben wir durchdachte Zielbeschreibungen gesehen, die Lehrenden wie Lernenden halfen, die wechselseitig voneinander erwarteten Ergebnisse zu erreichen. Um es kurz zu sagen, wir haben Zielbeschreibungen gesehen, die im Unterricht viel geholfen haben, und wir haben welche gesehen, die den Unterricht eher behinderten und – wahrscheinlich das Schlimmste – wir haben Zielbeschreibungen gesehen, die mit großem Aufwand an Denken und Arbeit aufgeschrieben, aber dann nie benutzt wurden.

Deshalb möchte ich Ihnen in diesem Kapitel einige Früchte unserer Erfahrung anbieten, indem ich auf einige sehr verbreitete Schwierigkeiten bei der Erstellung von Zielbeschreibungen hinweise. Wenn ich Ihnen einige Fallgruben zeige, helfe ich Ihnen vielleicht, nicht hineinzufallen.

Falsche Tätigkeiten

Ich weiß wohl, daß ich zu diesem Punkt schon früher etwas gesagt habe, er ist jedoch so wichtig, daß mir eine Wiederholung gerechtfertigt erscheint. Einer der übelsten Mängel von Beschreibungen, die fälschlicherweise als Zielbeschreibungen ausgegeben werden, liegt dann vor, wenn die äußere Form die einer Zielbeschreibung ist, aber keine Tätigkeit bezeichnet wird. Derartige Formulierungen sind überhaupt keine Zielbeschreibungen. Hier einige Beispiele:

Über ein grundlegendes Verständnis der Teilchenphysik verfügen können.
Ein Verständnis der Form der Kurzgeschichte zeigen.
Mit anderen Beziehungen aufnehmen können durch das Zeigen von Einfühlungsvermögen.

Kritisch und analytisch denken können.
Die individuellen Unterschiede zwischen Patienten verstehen können.

Ausdrücke wie diese führen vielleicht zu Beschreibungen, die einige wichtige Zielsetzungen in sehr allgemeinen Begriffen bezeichnen. Es handelt sich hierbei aber nicht um Beschreibungen von Unterrichtszielen, denn hier wird nichts darüber gesagt, was jemand tut, wenn er zeigt, daß er das entsprechende Unterrichtsziel erreicht hat.

Wer Formulierungen, die gar nichts über Tätigkeiten oder Leistungen aussagen, als Zielbeschreibungen behandelt, setzt sich vielfältigen Gefahren und Irrtümern aus. Er ist unzufrieden, wenn er nach Unterrichtsverfahren fragt, die geeignet sein können, die vage angedeutete Absicht zu erfüllen und feststellt, daß er keine begründeten Anhaltspunkte für eine Antwort findet. Man sollte nicht nach Methoden zum Erreichen von Unterrichtszielen suchen und gleichzeitig die Zweckmäßigkeit der Beschreibung von Unterrichtszielen verwerfen. Sie sind völlig hilflos, wenn Sie verstehen wollen, warum Ihre Schüler hilflos sind, wenn sie verstehen wollen, was von ihnen erwartet wird. Kein Wunder, denn unverbindliche, allgemeine Zielbeschreibungen bieten wenig Hilfe für das Handeln.

Wenn man eine Zielbeschreibung deutet oder prüft, so ist immer der erste Schritt, nach der Tätigkeit zu sehen. Kreisen Sie sie ein. Wenn es keine Tätigkeit gibt, die man einkreisen kann, so liegt keine Zielbeschreibung vor. – Einverstanden? Schreiben Sie's auf oder vergessen Sie's!

Falsche Gegebenheiten

Ein anderer verbreiteter Irrtum (Irrtum in dem Sinne, daß er zur Mitteilung von Unterrichtsabsichten nichts beiträgt) ist die Einbeziehung falscher „Gegebenheiten" in die Zielbeschreibung. Es handelt sich dabei um Worte oder Formulierungen, die dem Wort „gegeben" in einer Zielbeschreibung folgen, die aber etwas völlig anderes beschreiben als Dinge, die der Lernende benutzen oder nicht benutzen darf, wenn er zeigt, daß er das Ziel erreicht hat. Häufig trifft man auf Aussagen über den Unterricht selbst wie etwa die folgenden:

Gegeben sind drei Tage Unterricht über…
Vorausgesetzt, daß der Schüler drei Laborübungen über … abgeschlossen hat.
Vorausgesetzt, daß der Lernende zu den begabteren Schülern zählt…

Gegeben ist angemessene Übung in ...
Gegeben ist ein Ja-Nein-Test über ...

Wie schon gesagt: eine Zielbeschreibung ist in dem Maße brauchbar, wie sie das beabsichtigte Ergebnis des Unterrichts bezeichnet. Wenn Sie zulassen, daß die Zielbeschreibung etwas über das Unterrichtsverfahren sagt, legen Sie alle, die damit arbeiten, darauf fest, all ihre Weisheit und Erfahrung darauf zu verschwenden, dieses Ergebnis (das Verfahren) zu erreichen. Stellen Sie sicher, daß die in Ihrer Zielbeschreibung benannten Bedingungen etwas über die Situation aussagen, in der Sie die Leistung des Schülers erwarten.

Unterrichtsmaßnahmen

Sehr eng mit den falschen Gegebenheiten hängt der Fehler der Beschreibung von Unterrichtszielen durch die Beschreibung von Unterrichtsmaßnahmen zusammen, etwa durch die Beschreibung von Übungen oder anderen Formen von Aktivitäten in der Klasse. Ein Beispiel ist das folgende:

> *Sie sollen ein Bild oder Foto auswählen können, das ein Thema Ihrer Wahl illustriert und erklären können, wie dieses Thema illustriert wird.*

Warum sollten Sie wünschen, daß ein Lernender so etwas kann? Sicherlich nicht, weil es in irgend einer Weise sinnvoll wäre, durch die Welt zu gehen und Leuten zu erklären, in welcher Weise ein bestimmtes gewähltes Foto ein Thema illustriert. Vermutlich möchten Sie, daß Schüler so etwas tun, weil es ihnen hilft, etwas anderes, das als eine durchaus sinnvolle Fertigkeit anzusehen wäre, zu erlernen. Die Frage ist also gar nicht, ob es zweckmäßig ist, daß Schüler Bilder oder Fotos auswählen und Themen erklären können; ich frage mich also, ob es zweckmäßig ist, solche Aktivitäten, die nur ein Schritt auf dem Weg zu dem tatsächlich angestrebten Unterrichtsziel sind, zu beschreiben und sie als Unterrichtsziele zu bezeichnen.

Dafür gibt es zwei praktische Gründe: Wenn Sie jede Tätigkeit von Schüler oder Lehrer im Unterricht beschreiben und sie als Unterrichtsziel bezeichnen, werden Sie wohl nie dazu kommen, je zu unterrichten und – Sie werden in Worten ertrinken. (Dies ist einer der Gründe dafür, daß sich einige Lehrer beschweren, daß es zu viele Unterrichtsziele gibt.) Der zweite Grund ist der, daß eine der wichtigsten Funktionen von Zielbeschreibungen darin besteht, auf ihrer Grundlage über Unterrichtsinhalte und -verfahren zu entscheiden. Wenn die Zielbeschreibung schon die Unterrichtsmaßnahmen enthält, so kann sie diesen wichtigen Zweck nicht erfüllen, denn sie beschreibt Unterricht und nicht wichtige Unterrichtsergebnisse.

Dieses Problem kann dadurch vermieden werden, daß man sich bei jedem Entwurf einer Zielbeschreibung fragt, warum man eigentlich will, daß Studenten das Beschriebene können sollen. Wenn die Antwort darauf ist, „weil es ein Teil dessen ist, was sie können sollen", kann dieses Unterrichtsziel wahrscheinlich bestehen bleiben. Wenn die Antwort aber lautet, „weil es eine Voraussetzung für ... ist" und in diese Lücke etwas anderes geschrieben wird als die Zielbeschreibung beinhaltet, dann kann es sehr gut sein, daß der Entwurf ein Lehrverfahren beschreibt und in der Weise abgeändert werden sollte, daß er statt dessen ein erwünschtes Ergebnis beschreibt. Hier ein anderes Beispiel:

In der Klasse die vom Lehrer verteilten Fallstudien diskutieren können.

Warum wollte dieser Lehrer, daß die Studenten aufgeschriebene Fallstudien in der Klasse diskutieren können? Seine Antwort lautete etwa wie folgt: „Sie müssen bei der Bearbeitung der Aufgaben, die ihnen später gestellt werden, den Unterschied zwischen Feststellungen von Tatsachen und festgestellten Meinungen erkennen können. Die Diskussion von Fallstudien gibt ihnen darin Übung." Ach so. Diese Antwort macht deutlich, daß das ursprünglich beschriebene Unterrichtsziel ein Unterrichtsverfahren und kein Unterrichtsergebnis bezeichnet, ein Mittel und nicht das Ziel. Das Unterrichtsziel wäre sicher viel nützlicher beschrieben, wenn es die wichtige Fertigkeit, die letzten Endes Ursache für die Übung in der Klasse ist, bezeichnet:

In vorgelegten schriftlichen Darstellungen von Problemsituationen, die Interaktionen zwischen Leuten einbeziehen, sollen Aussagen über Tatsachen und Aussagen über Meinungen unterschieden (gekennzeichnet) werden können.

Beschreiben Sie die bedeutsamen Fertigkeiten (Unterrichtsergebnisse) und Sie vermeiden, in trivialen Aussagen zu ertrinken.

Schnickschnack

Im Folgenden geht es um sogenannte Zielbeschreibungen, die entweder Worte ohne Bedeutung enthalten oder ausschließlich aus solchen Worten bestehen. Sie ähneln den Beschreibungen, die falsche Tätigkeiten bezeichnen. Hier einige wertlose Formeln, die für solche Zielbeschreibungen typisch sind:

Ein wachsendes Sinnverständnis manifestieren.
Ein tiefes Verständnis zeigen.
Eine Vielzahl von Zugängen entwickeln und pflegen.
Ein tiefes Verständnis und eine ernste sittliche Auffassung haben.
Die eigenen Fähigkeiten für fortgesetzte Weiterentwicklung durch Verstehen, Selbststeuerung und Selbsterziehung erhöhen.

Wenn solchen Leerformeln eine Beschreibung der erwünschten Tätigkeit folgt, so sind sie nicht gefährlich; sie liegen dann bloß nutzlos im Weg herum. Aber wenn solche Beschreibungen nicht folgen, ist die Gefahr grundlegender: Dann könnten Leute glauben, es sei etwas bedeutungsvolles ausgesagt worden, das sie nur nicht erkennen, weil sie nicht über eine entsprechende Ausildung oder Intelligenz verfügen. Beispiel:

> *„Die Fähigkeit demonstrieren, in kreativer Weise Informationen praktisch anzuwenden."*

Was in der Welt könnte jemand tun, wenn er zeigt, daß er eine derart vernebelte Zielsetzung erreicht hat? Wenn Sie solche Zielbeschreibungen sehen, die aus einer Kombination bedeutungsleerer Wörter und Symbole bestehen, so können Sie sicher auch diejenigen verstehen, die sich über die Nutzlosigkeit von Zielbeschreibungen beklagen.

> *Zeitlebens auf der Suche nach der Wahrheit, mit dem Willen und der Fähigkeit, Fragen zu stellen, Erfahrungen auszuwerten und Erklärungen und Deutungen zu finden.*
> *Jedes normal begabte Kind wird sich geistig weiterentwickeln durch Gebrauch aller Komponenten seines Intellekts – diese sind Wissen, Verstehen, Analyse, Synthese und Urteilsfähigkeit – wie sie durch die regionalen Testformulare definiert sind.*
> *Der Lernende muß die Fähigkeit zeigen, Selbstvertrauen und Selbstachtung zu entwickeln.*

Wortgebilde wie diese mögen sehr beeindruckend sein, aber sie nützen wenig für die Mitteilung von Unterrichtsabsichten. So lange ich nicht weiß, was die Schreiber solcher Wortgebilde wirklich übermitteln wollen, kann ich auch keine verbesserte Formulierung für derartige Wortgebilde anbieten. Glücklicherweise gibt es hier allerdings eine einfache Lösung.
Das beste Verfahren zur Enträtselung von Zielbeschreibungen ist, sie ein oder zwei Schülern zu geben und diese zu fragen, was sie ihrer Ansicht nach

94

bedeuten. Die Äußerungen der Schüler mögen gelegentlich eine harte Probe für Ihr Selbstbewußtsein sein, sie sind aber meist ein recht guter Hinweis auf eine sauberere, einfachere Beschreibung Ihrer Absichten.

Und schließlich gibt es noch die Redakteure. Ein guter Redakteur kann erstaunliches vollbringen in Richtung auf Einfachheit und Klarheit, indem er nur einige Worte hier und da verändert, und ich bin immer wieder überrascht, wie hilfreich er sein kann. (Aber er muß beobachtet werden, denn mancher ist Sklave seiner stilistischen Regeln und gerät sehr leicht außer Kontrolle. Man muß eben sehr genau darauf achten, daß er nicht vergißt, was seine Aufgabe ist.)

Die Tätigkeit des Lehrenden

Die Wirksamkeit von Zielbeschreibungen kann auch durch andere verbreitete Fehler beeinträchtigt werden; ein solcher Fehler ist die Beschreibung der Tätigkeit des Lehrenden an Stelle der vom Lernenden erwarteten Tätigkeit:

> *Der Lehrer soll eine Atmosphäre schaffen, die die Entwicklung von Selbstachtung, Selbstvertrauen und Sicherheit bei den Lernenden stützt.*
> *Der Lehrende soll den Lernenden helfen, natürliche Konsequenzen ihres Verhaltens zu erkennen.*
> *Der Lehrende hilft den Lernenden bei der Entwicklung von ...*
> *Wird den Schülern das Ausfüllen des Formulars 321 vorführen.*
> *Wird im Lernenden ... entwickeln.*

Aussagen wie diese mögen ein Ausbildungsziel für den Lehrer beschreiben; vielleicht sind es auch Ziele, die die Schulverwaltung anstrebt, aber sie sagen nichts darüber, welche Tätigkeiten die Lernenden als Ergebnis des Unterrichts ausführen können sollen. Ähnlich ist es mit Aussagen, die wie folgt beginnen:

> *Jeder Lernende wird ... können.*
> *80% der Lernenden werden ... können.*

Aussagen wie diese haben keine Bedeutung für irgend einen Lernenden. Was soll ein Lernender tun, wenn es um das „Ziel" geht, „70% der Lernenden müssen zeigen könnnen, daß sie fähig sind, lesen zu lernen"? Solche Aussagen sind vielleicht eine Grundlage für Ausbildungsziele für Lehrer, aber sie sind ohne Bedeutung für die Lernenden.

Ein Unterrichtsziel betrifft die Tätigkeit des Lernenden; die Tätigkeit des Lehrers ist für seine Beschreibung ohne Bedeutung. Jedes Abweichen von dieser Regel würde eine völlig unnötige Einschränkung für den einzelnen Lehrer in seiner Arbeit bedeuten, bei der es darum geht, dessen Kenntnisse und Fertigkeiten für das Erreichen der Unterrichtsziele zu nutzen.

Wenn Sie Ihre Entwürfe von Zielbeschreibungen überarbeiten, prüfen Sie bitte, ob sie Aussagen über die Tätigkeit des Lernenden enthalten. Wenn ja, dann freuen Sie sich, wenn nein, dann ändern Sie sie.

Falsche Kriterien

Ein schon fast heimtückischer Mangel einer Zielbeschreibung ist die Nennung eines „Kriteriums", das den Schülern wenig oder gar nichts über das hinaus sagt, was sie bereits wissen. Sehen Sie sich einmal die folgenden Beispiele an:

Zur Zufriedenheit des Lehrenden.
Muß 80% in einer Auswahlantwortprüfung erreichen können.
Muß die Abschlußprüfung bestehen.

Schüler wissen, daß sie den Lehrenden zufriedenstellen müssen. Ihnen würde es nur nützen, wenn man ihnen sagen würde, was sie zu tun haben, um dessen Zufriedenheit zu erzeugen. Wenn Lehrer tatsächlich Beurteilungen darüber treffen, ob Schüler etwas können oder nicht, so ist nicht einzusehen, warum diese Lehrer nicht etwas über die Grundlage ihrer Beurteilungen aussagen können. Selbstverständlich kostet das einiges Nachdenken und einige Anstrengungen. Warum auch nicht? – Das ist nun einmal die Aufgabe berufsmäßiger Lehrer.

Das zweite und dritte Beispiel bietet einige wenige Hinweise auf formale Bestandteile der Prüfungssituation, aber sie sagen dennoch nichts darüber, wie gut das gekonnt werden soll, was in der Zielbeschreibung gefordert wird. Die Formulierung „80% einer Auswahlantwort-Prüfung" sagt überhaupt nichts über die Qualität der erwarteten Leistung aus. Wir alle wissen, wie leicht es ist, die Schwierigkeit eines Tests durch Veränderungen der Worte und durch die Auswahl der Aufgaben zu manipulieren. Beachten Sie, daß die 80% überhaupt nicht das Problem treffen; worauf es ankommt, ist der Inhalt dieser 80%. Wenn Ihnen beispielsweise gesagt wird, man erwarte von Ihnen, daß sie so gut schießen können, daß 80% Ihrer Schüsse ins Schwarze treffen, dann haben Sie eine Beschreibung des von Ihnen erwarteten Könnens, mit der Sie etwas anfangen können. Wenn man Ihnen sagt, daß sie 80% in einem

96

Auswahlantworttest oder 90% in einem Test mit freien Antworten erreichen müssen oder wenn man Ihnen sagt, daß das 90/90 Kriterium[1] erreicht werden soll, so bietet Ihnen das wenig Anhalt für die Steuerung Ihrer eigenen Anstrengungen. Entsprechendes gilt für den Unterrichtsplaner – solche „Kriterien" bieten keine Grundlage für die Entscheidung, welcher Unterricht mit welchem Umfang erforderlich ist, um die Unterrichtsziele zu erreichen. Um nur einmal zu zeigen, wohin so etwas führen kann, lesen Sie bitte das Folgende; es bedarf keines Kommentars;

> *Gegeben sind 20 Aufgaben, zu deren Lösung drei Operationen mit Dezimalzahlen und zwei Verfahren der Prozentrechnung nötig sind; 90% der Lernenden, deren Lebensalter zwischen 11.0 und 11.11 variiert, und die im Lorge-Thorndike oder anderen Tests gezeigt haben, daß ihre Leistungen oberhalb des dritten Quartils liegen, werden die Aufgaben lösen, und die Lösungen mit 92% Richtigkeit niederschreiben, was sich in einem vom Lehrer entwickelten Tests, der etwa im Mai vorgelegt wird, zeigen soll!!!!*

Zur Prüfung des Kriteriums in einer Zielbeschreibung sind die folgenden Fragen zu stellen:

1. Sagt es etwas über die Qualität der erwünschten Leistungen aus?
2. Sagt es etwas über die Qualität der Leistung des Einzelnen und nicht über die Leistung der Gruppe aus?
3. Ist es auf eine reale und nicht auf eine imaginäre Norm bezogen.

Verwandte Fragen

Es gibt vier weitere Fragen, zu denen ich etwas sagen möchte. Sie haben nichts mit der tatsächlichen Beschreibung von Unterrichtszielen zu tun, fallen also im strengen Sinne nicht unter das Thema dieses Buches. Dennoch haben sie Bezug zu verbreiteten Schwierigkeiten bei der Beschreibung von Unterrichtszielen; ich halte sie deshalb für erwähnenswert.

---

1 90% der Lernenden erreichen mindestens 90% der erreichbaren Punkte in einem Abschlußtest (Anm. des Übers.).

Irrelevante Testaufgaben

Es ist eine verbreitete Unsitte, das Erreichen eines Unterrichtsziels mit Testaufgaben zu überprüfen, die nichts oder wenig mit der Tätigkeit zu tun haben, die in der Zielbeschreibung gefordert wird. So könnte es beispielsweise vorkommen, daß zu einem Ziel, das klar fordert, daß die Schüler ein Sonett *schreiben* können sollen, Testaufgaben wie die folgenden benutzt werden:

1. Definiere, was ein Sonett ist.
2. Nenne drei bekannte Verfasser von Sonetten.
3. Schreibe einen kurzen Aufsatz über die Bedeutung des Sonetts in der Literatur des 18. Jahrhunderts.

Es ist offensichtlich, daß die Definition dessen, was ein Sonett ist, vom Schreiben eines Sonetts völlig verschieden ist. Ebensowenig ist die Nennung von Autoren von Sonetten oder das Schreiben eines Aufsatzes über das Sonett dasselbe wie das Schreiben eines Sonetts.

Übliche Rechtfertigungen für derartige höchst fragwürdige Verfahren sind unter anderem:

Man kann kein Sonett schreiben, wenn man nicht weiß, was ein Sonett ist.

Man kann ein Sonett nicht richtig einschätzen, wenn man nichts darüber weiß.

Ich möchte einfach verschiedene Arten von Testaufgaben verwenden, um meine Tests interessanter zu machen.

Bei meinem Unterricht kommt es darauf an, daß die Schüler das Gelernte übertragen können.

Ich verstehe meine Prüfungen zugleich auch als eine neue Lernsituation.

Meine Tests müssen so gestaltet sein, daß ihre Ergebnisse computergerecht sind.

Die Schüler sollen durch eigene Entdeckungen lernen.

Unabhängig davon, daß es sich hier vielfach um Ausreden handelt, birgt die Verwendung irrelevanter Testaufgaben für die Messung von Unterrichtsergebnissen verschiedene Gefahren in sich. Zunächst einmal handelt es sich um eine Täuschung der Lernenden. Sie erfahren bei solchen Gelegenheiten, daß es den Lehrer nicht stört, eine Sache zu unterrichten und eine andere zu prüfen.

Darüber hinaus ist ein solches Verfahren ebenso gefährlich wie das Erreichen der Unterrichtsziele wichtig ist. Wenn das Erreichen der Unterrichtsziele

irgend eine nennenswerte Bedeutung hat, dann ist es auch wichtig, herauszufinden, ob genau diese Unterrichtsziele erreicht wurden. Mit irrelevanten
Testaufgaben ist das unmöglich; damit werden Sie nie herausbekommen, ob
der Lernende das gelernt hat, was er lernen sollte. Eine gute Zielbeschreibung
schreibt die Form der Testaufgaben, durch die dieses Ziel überprüft werden
kann, zwingend vor.

„Untergeordnete" Unterrichtsziele

Gelegentlich hört man das Argument, daß bestimmte Unterrichtsziele trivial
seien; in solchen Fällen gibt es zwei allgemeine Fragen, die überprüft werden
müssen; beide haben aber nichts mit der Formulierung der Zielbeschreibung
selbst zu tun. Es ist nämlich nicht möglich zu entscheiden, ob ein Unterrichtsziel trivial ist oder nicht, solange man nicht einbezieht, in welchem Zusammenhang es steht. Das bedeutet: man kann eine einzelnen Zielbeschreibung durch
schlichtes Lesen nicht ansehen, ob das entsprechende Unterrichtsziel trivial ist
– man muß vielmehr die Konsequenzen beachten, die sich ergeben, je nach
dem ob das Ziel erreicht wird oder nicht. Wenn es für niemanden und für nichts
von Bedeutung ist, ob dieses Unterrichtsziel erreicht wird oder nicht, ist es in
der Tat trivial. Wenn das Erreichen oder Nichterreichen des Ziels dagegen
alles andere als folgenlos ist, dann ist es nicht trivial, ganz egal, wie einfach es
beschrieben ist. Stellen Sie sich beispielsweise als Ziel für einen Bankangestell-
ten vor, „bei der Bedienung eines Kunden erkennbar lächeln können". Das
hört sich recht trivial an, wenn man es so liest. Aber Sie müssen in Rechnung
stellen, daß nicht lächelnde Bankangestellte Kunden verlieren. An einem
Bankrott – oder am Verlust eines Arbeitsplatzes – ist nichts Triviales.
Wie schon gesagt, gibt es zwei hauptsächliche Gründe dafür, ein Unterrichtsziel als trivial anzusehen. Einer der Gründe ist, daß die fraglichen Ziele
tatsächlich trivial sind. Der andere ist, daß das fragliche Ziel weniger als die
schließlich angestrebte Tätigkeit ist oder auch der angestrebten Tätigkeit
untergeordnet ist. So muß sicher jemand, der einen Blinddarm operieren soll,
zunächst andere Tätigkeiten ausführen können: z. B. entscheiden, wo ge-
schnitten wird, die geeigneten Instrumente auswählen und benützen, eine
Wunde nähen können usw. Jede dieser Fertigkeiten ist der Hauptzielsetzung,
der Ausführung einer Blinddarmoperation untergeordnet oder sie ist Voraussetzung dafür. Wenn die Beschreibung von Zielen sich nur auf die Beschreibung untergeordneter Fertigkeiten beschränkt und die wichtigen schließlich
angestrebten Fertigkeiten nicht beschrieben werden, so kann sehr wohl der
Eindruck entstehen, die Ziele seien trivial und es kann weiter beklagt werden,
daß es viel zu viele Unterrichtsziele gebe.

Um solche Schwierigkeiten zu vermeiden, versuchen Sie doch, sich mit dem folgenden Verfahren auf ein Mittelmaß hin zu bewegen.

Fragen Sie sich zuerst, ehe Sie eine Zielbeschreibung entwerfen, warum Sie möchten, daß jemand die jeweilige Tätigkeit beherrschen soll. Entwerfen Sie eine Zielbeschreibung, die Ihrer Antwort bzw. ihren Antworten entspricht und fragen Sie sich dann wiederum, warum Sie möchten, daß jemand dieses tun können soll. Mit diesem Verfahren arbeiten Sie sich die Hierarchie von unten hinauf und gelangen so zu den wirklichen Gründen dafür, warum Sie etwas unterrichten wollen. Also: wir möchten, daß unsere Schüler die Formen des Partizips erkennen können. Warum in der Welt? Nun, damit sie gut formulierte Sätze erkennen können. Ja, und warum sollten sie das tun können? Nun, damit sie selbst gut formulierte Sätze schreiben können. Nun, und warum sollen sie das tun können? Gut, damit sie Berichte schreiben können. Und warum sollten sie Berichte schreiben können? Nun, das ist eine Aufgabe, die ihnen gestellt wird. Na also! Auf diese Weise stellt sich eine für sich triviale Angelegenheit (Erkennen der Formen des Partizips) als eine dem Verfassen von Berichten untergeordnete Fertigkeit heraus. Stellen Sie dar, wie Ihre untergeordneten Unterrichtsziele mit den umfassenderen bedeutsameren Fertigkeiten verknüpft sind, und Sie entgehen so dem Vorwurf der Trivialität (sofern dieser Vorwurf unbegründet ist).

Zweitens können Sie sich ebenso nach dem Entwurf einer Zielbeschreibung fragen, was jemand können muß oder wissen muß, wenn er die beschriebene Tätigkeit ausführen will. Mit dieser Frage können Sie sich in der Hierarchie nach unten vorarbeiten und die untergeordneten Fertigkeiten ermitteln, die Ihre Schüler beherrschen müssen, wenn sie die umfassende Fertigkeit beherrschen sollen. Also: was muß ein Student der Medizin können, ehe er beginnen kann, eine Blinddarmoperation auszuführen? Nun, er muß z. B. Fäden, wie man sie zum Vernähen von Wunden benutzt, verknoten können. Aha! Das ist eine untergeordnete Fertigkeit. Da es sich hier um eine für sich sinnvolle Fertigkeit handelt, können wir eine entsprechende Zielbeschreibung formulieren. Was weiter? Nun, er muß ein Skalpell als solches erkennen und es mündlich anfordern können. Hier gilt dasselbe: Da das Erkennen eine Skalpells nur ein Schritt, nur ein Teil einer sinnvollen Fertigkeit ist, schreiben wir dazu keine Zielbeschreibung auf. Wir würden es in eine Unterrichtseinheit aufnehmen, die das Ziel hat, eine sinnvolle Fertigkeit zu entwickeln, aber es ist kein eigenständiges Unterrichtsziel. Wenn Sie Zielbeschreibungen zu sinnvollen bedeutsamen Fertigkeiten formulieren und nicht zu den Teilschritten solcher Fertigkeiten, dann können Sie vermeiden, in Zielbeschreibungen zu versinken und Sie vermeiden zugleich, daß ihre Zielbeschreibungen als trivial eingeschätzt werden.

100

Hier ein Beispiel für eine Zielanalyse oder Pyramide, die Beziehungen zwischen den Teilzielen zeigt, die für die Herstellung einer Pizza notwendig sind.[1]

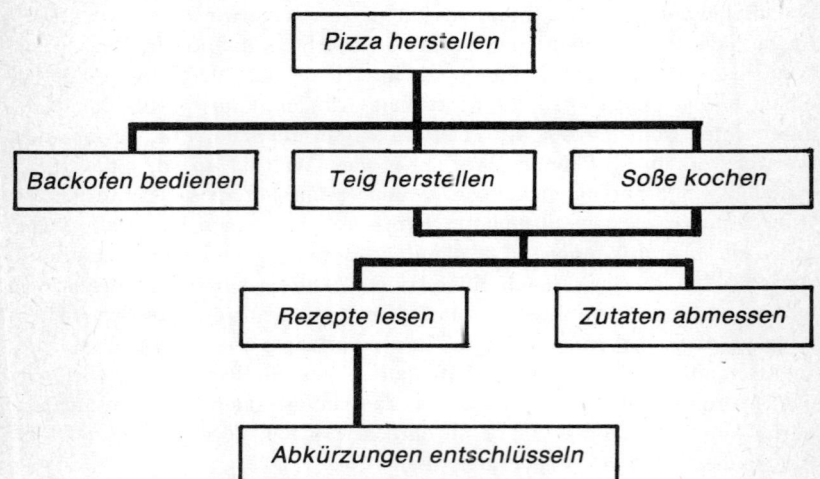

Die Pyramide ist wie folgt zu lesen: Ehe jemand die Hauptfertigkeit (Herstellen einer Pizza) ausüben kann, muß er fähig sein, einen Backofen zu bedienen, einen Teig herzustellen und eine Soße zu machen. Diese Fertigkeiten sind Voraussetzungen oder untergeordnet der schließlich erwünschten Fertigkeit und sie müssen gelernt werden, bevor die schließlich erwünschte Fertigkeit vollständig ausgeführt werden kann. Aber diese drei Fertigkeiten sind voneinander unabhängig; sie können in beliebiger Reihenfolge erlernt werden.

Ehe man einen Teig herstellen oder eine Soße machen kann, muß man in der Lage sein, ein Rezept zu lesen und die Zutaten für die Pizza abzumessen. Diese beiden Fertigkeiten sind sowohl Voraussetzungen für das Herstellen der Soße als auch für das Herstellen eines Teiges, aber sie sind wiederum unabhängig voneinander. Es ist gleichgültig, mit welcher man anfängt. Für das Lesen eines Rezeptes schließlich muß der angehende Pizzakoch zunächst lernen, die in Rezepten üblichen Abkürzungen zu entschlüsseln.

---

1 Die Hierarchie der Teilziele wird mit freundlicher Genehmigung von Diane Pope abgedruckt.

Falsche Taxonomien

Eine Taxonomie ist ein Hilfsmittel zur Klassifizierung von Gegenständen entsprechend ihren Beziehungen zueinander. Wenn Sie den Begriff vorher nie gehört haben, sollten Sie diesen Abschnitt überspringen, denn es handelt sich hier um ein Problem, das Sie nicht betrifft. Ihnen entgeht nichts.

Hin und wieder geraten wir an jemanden, der behauptet, besondere Schwierigkeiten beim Entwerfen von Zielbeschreibungen zu haben. Leute wie er sind mit ihren Zielbeschreibungen unzufrieden, obgleich ein Blick auf ihre Arbeitsergebnisse zeigt, daß dazu keinerlei Anlaß besteht. Woher also das Unbehagen? Taxonomitis! Aus irgend einem Grund versuchen diese bedrängten Seelen, ihre Zielbeschreibungen in irgend eine Art von Taxonomie (Ordnungsschema) zu pressen. Einfach bloß, weil es möglich ist, Unterrichtsziele den verschiedenen Ebenen eines Ordnungsschemas zuzuordnen, scheinen diese Personen das für unbedingt notwendig zu halten. „Unsere Unterrichtsziele liegen alle auf derselben Ebene" klagen sie. „Uns fehlen noch Ziele auf anderen Ebenen" behaupten sie. Ja es gab sogar einen, der meinte, die Unterrichtsziele müßten über die verschiedenen Ebenen des Ordnungsschemas normal verteilt sein, damit die Sache zufriedenstellend sein kann. Warum in der Welt? Ich habe keine Ahnung, wo eine solche Idee geboren wurde, aber ich wünschte sehr, daß sie möglichst schnell in Vergessenheit geriete.

Wenn Sie beschrieben haben, was Ihre Schüler tun können sollen, dann haben Sie gesagt, was sie tun können sollen. Und wenn solche Zielbeschreibungen aus einer vernünftigen Analyse abgeleitet sind, oder auf Grund Ihrer besten Kenntnisse und Erfahrungen richtig sind, was brauchen Sie mehr? Warum sollten Sie ein Unterrichtsziel ändern, bloß damit es einer Taxonomie entspricht?

Nun, eine Taxonomie oder ein Ordnungsschema kann durchaus nützlich sein, indem es Ihnen die Breite möglicher Ziele aufzeigt, die Sie beschreiben oder auswählen könnten; es kann auch helfen, geeignete Worte zur Beschreibung Ihrer Absichten zu finden oder es kann Hinweise auf Testaufgaben liefern, die zur Überprüfung Ihrer Unterrichtsziele geeignet sind. Aber vorsätzlich Ziele so zu beschreiben, daß sie einem Ordnungssystem und nicht einem Bedarf entsprechen, ist ein grober Mißbrauch derartiger Denkhilfen.

Verwaiste Zielbeschreibungen

Eine der fremdartigsten und überflüssigsten Übungen im Zusammenhang mit Zielbeschreibungen besteht darin, einige hinzuschreiben und sie dann –

unbenutzt – in die Ablage zu legen. Leute, die diesem Ritual frönen, beklagen sich nicht selten, daß das Beschreiben von Unterrichtszielen eine Zeitvergeudung ist – und das trifft in solchen Fällen auch zu. Wenn Sie nicht wissen, was Sie mit Zielbeschreibungen anfangen wollen, oder wenn Sie überhaupt nicht daran interessiert sind, das herauszufinden (was leider gleichbedeutend ist mit: wenn Sie nicht daran interessiert sind, das Handwerk des Unterrichtens zu erlernen), dann ist für Sie das Beschreiben von Unterrichtszielen offensichtlich eine Zeitvergeudung.

Warum aber beschreibt jemand Unterrichtsziele, der gar nicht die Absicht hat, etwas damit anzufangen? Meist deshalb, weil ein wohlmeinender Vorgesetzter ihn damit beauftragt hat. Aber ein Kollegium mit dem Beschreiben von Unterrichtszielen zu beauftragen, ohne es vorher zu lehren, wie man das macht und wozu es gut ist, bedeutet Zwietracht und Verärgerung säen. Schließlich ist das Entwerfen von Zielbeschreibungen nur einer der Schritte bei der Analyse, Planung und Durchführung von Unterricht. Die Anordnung, Zielbeschreibungen gewissermaßen im luftleeren Raum zu entwickeln, ist eine überflüssige Übung; und schließlich bewirkt sie weiter nichts als die Zeugung von Zielen, die wenig mehr bewirken, als Staub aufzuwirbeln.

„Einstellungs"-Ziele

Gelegentlich werden Sie Aussagen wie die folgenden finden:

Eine positive Einstellung zum Lesen haben.
Eine positive Einstellung zu Zahlen entwickeln.
Literatur schätzen.
Einen Sinn für persönliche Verantwortung haben.

Wo ist hier die Tätigkeit? Nirgends. Deshalb sind solche Formulierungen keine Zielbeschreibungen. Sie sind keine genauen Beschreibungen einer Absicht. Aussagen wie diese beschreiben Zustände – sie beschreiben kein Handeln. Möglicherweise beziehen sich solche Aussagen auf außerordentlich wichtige Bereiche, aber es ist ausgesprochen mißverständlich, sie als „Einstellungsziele" oder „affektive" Unterrichtsziele zu bezeichnen.

Die Gefahr derartiger Aussagen liegt darin, daß sie ihre Leser in der Vorstellung einlullen, sie läsen Zielbeschreibungen, bloß weil die angesprochenen Dinge wichtig sind, und die Verfasser der Beschreibung könnten in der Vorstellung eingelullt werden, daß sie mit der Formulierung solcher Aussagen ihre Aufgabe erfüllt haben. Das Gegenteil ist der Fall – sie haben gerade erst angefangen. Sie sehen an diesen **Beispielen**, daß Aussagen über den affektiven

Bereich (Gefühle, Einstellungen) immer Aussagen auf Grund von Schlußfolgerungen, niemals auf Grund von Tätigkeiten sind. Sie sind Aussagen über das Sein, die aus den Aussagen und Handlungen von Menschen in bestimmten Situationen abgeleitet werden. So könnten Sie aus der Tatsache, daß ich mich mit Popcorn vollstopfe, ableiten, daß ich eine ausgespochen positive Einstellung zu Popcorn habe. Das kann zutreffen oder falsch sein, aber mein Tun ist die einzige Grundlage für diese Schlußfolgerung.

Wie können wir also unsere affektiven oder andere abstrakte Vorstellungen in Form von Zielbeschreibungen formulieren? Bestimmen Sie Ihre Absicht zuerst dadurch, daß Sie die Tätigkeiten benennen, die Ihnen als ausreichend erscheinen, um Ihre Absicht als erfüllt anzusehen. Beschreiben Sie diese Tätigkeiten dann in Zielbeschreibungen, die sinnvollen Fertigkeiten entsprechen. (Ein dafür geeignetes Verfahren heißt Zielanalyse[1], ein Verfahren, das jeder Verfasser von Zielbeschreibungen nützlich finden wird. Das Verfahren ist immer dann anwendbar, wenn Sie abstrakte Zustände, von denen Sie glauben, daß sie erreicht werden sollten, erreichen wollen.)

Hier ein kurzes Beispiel: Ein Manager wollte, daß seine Angestellten „sicherheitsbewußt" sind. Aber was bedeutet das? Wie muß sich ein Angestellter verhalten, damit er als sicherheitsbewußt anzusehen ist? Hier ist klar, daß es unausweichlich war, zu beschreiben, was dieser Begriff bedeutet, ehe man gute Entscheidungen darüber treffen kann, wie das Ziel zu erreichen ist. Eine Zielanalyse deckte neben anderem die Bedeutung auf, und zwar sollten die Angestellten Sicherheitskleidung tragen, die Sicherheitsbestimmungen befolgen und über Sicherheitsrisiken berichten.

All dies sind Tätigkeiten und für jede dieser Tätigkeiten wurde eine Zielbeschreibung formuliert. All diese Zielbeschreibungen gemeinsam bezeichneten das, was der Manager mit Sicherheitsbewußtsein bezeichnete. Beachten Sie aber, daß die Zielbeschreibungen Tätigkeiten bezeichneten und nicht den abstrakten Zustand (Sicherheitsbewußtsein) bestimmt haben.

Wenn immer Sie Zielbeschreibungen formulieren wollen, die Zustände oder Bedingungen beschreiben, die wesentlich abstrakt sind (Verstehen, Einstellungen, Motivationen, Gefühle), sollten Sie zunächst eine Zielanalyse oder ein entsprechendes Verfahren anwenden, um solche Zielsetzungen auf der Ebene von Tätigkeiten zu bestimmen, die, wenn sie ausgeführt werden, der abstrakten Zielsetzung entsprechen. Sie können dann diese Tätigkeiten in Zielbeschreibunen bezeichnen und wissen damit, was Sie lehren müssen.

In Kapitel 8 finden Sie eine Prüfliste, mit der Sie Ihre Zielbeschreibungen auf Fußangeln überprüfen können. Aber machen Sie daraus keine große Sache.

---

1 R. F. Mager: Zielanalyse, Weinheim, Beltz 1975[2]

Das Entscheidende ist und bleibt die Mitteilung Ihrer Absichten. Sagen Sie, was Ihre Schüler tun können sollen, womit sie es tun oder worauf sie verzichten müssen und wie gut sie es tun sollen, damit Sie sie als kompetent ansehen. Das ist alles, worauf es beim Beschreiben von Unterrichtszielen ankommt.

Und womit kann ich Sie jetzt erfreuen?

Ein bißchen mehr Übung kann nicht schaden. Schlagen Sie Kapitel 8 auf Seite 105 auf.

Ich möchte jetzt meine Fertigkeiten überprüfen. Schlagen Sie Kapitel 9 auf Seite 123 auf.

8. Zur Verfeinerung ihrer Fertigkeit

Der alte Spruch „Übung macht den Meister" enthält ebensoviel und ebensowenig Wahrheit wie der, der sagt, Erfahrung sei der beste Lehrmeister. Durch Übung wird eine Fertigkeit verbessert und Erfahrung erhöht die Kompetenz – aber nur, wenn es eine Rückmeldung über die Güte der Ausführung gibt. Wenn Sie nicht merken, wie gut Sie es machen, während Sie üben oder Erfahrungen sammeln, ist es unwahrscheinlich, daß sich Ihre Fertigkeit weiter entwickelt. Deshalb ist Übung zwar wichtig, aber Übung mit Rückmeldung ist notwendig, wenn die Übung ihren Zweck erfüllen soll. Der langen Rede kurzer Sinn ist, daß im folgenden Kapitel einige angeleitete Übungen im Erkennen von wichtigen Merkmalen brauchbarer Zielbeschreibungen und eine ganz kleine Übung zur Verbesserung einiger mangelhafter Zielbeschreibungen angeboten werden.

„Augenblick!" höre ich Sie sagen. „Das Lernziel dieses Buches war ja wohl, mich zu befähigen, die Merkmale brauchbarer Zielbeschreibungen zu erkennen und jetzt soll ich welche überarbeiten?" Gute Frage! Antwort: Dies ist ein Übungskapitel, das helfen soll, Ihre Unterscheidungsfähigkeit zu schärfen. Wenn Sie jetzt einige Überarbeitungen vornehmen sollen, so zwingt sie das, sich noch genauer mit der Tätigkeit zu befassen, die Sie lernen sollen, nämlich zu unterscheiden.

Spitzen Sie also bitte Ihren Bleistift.

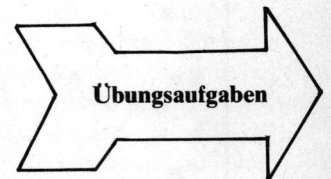

Übungsaufgaben

Lesen Sie bitte die unten folgenden Aufgaben.

Markieren Sie bitte in der entsprechenden Spalte Rechts, ob die Aussage die Beschreibung einer Tätigkeit, die Aufzählung der Bedingungen, unter denen die Tätigkeit ausgeführt werden muß und/oder ein Kriterium, nach dem die Ausführung der Tätigkeit beurteilt wird, enthält.

Hinweis: Beginnen Sie bei der Analyse einer Zielbeschreibung immer damit, die Tätigkeit zu unterstreichen. Wenn keine Bezeichnung einer Tätigkeit aufzufinden ist, brauchen Sie nicht weiterzuarbeiten.

	Tätigkeit	Bedingungen	Kriterium

1. In einer vorgelegten Liste mit Beschreibungen menschlichen Verhaltens soll zwischen solchem Verhalten, das normal ist, und solchem, das psychotisch ist, unterschieden werden können.

2. Unabhängig von Unterrichtsinhalt und Schulstufe sollen zehn Beispiele von Schulübungen, die Lernen fördern, und zehn Beispiele von Schulübungen, die Lernen behindern oder stören, beschrieben werden können.

3. Ein mehrstimmiges, zweiteiliges Stück wird dreimal vorgespielt; dann soll festgestellt werden können, ob eine einmal für sich vorgespielte Melodie in dem zweiteiligen, mehrstimmigen Stück vorkam oder nicht.

4. Nach 20 Minuten Unterricht und einer Laborübung soll ein Verständnis für die Unterschiede zwischen Eruptivgestein, metamorphem Gestein und Sedimentgestein entwickelt werden können. Kriterium: 80% richtige Antworten.

5. Die folgenden anatomischen Strukturen sollen richtig lokalisiert werden: Ovarium, Ligamente der Ovarien, Eileiter, Gebärmutter.

Weiter auf Seite 108.

	Tätigkeit	Bedingungen	Kriterium

1. In einer vorgelegten Liste mit Beschreibungen menschlichen Verhaltens soll zwischen solchem Verhalten, das normal ist und solchem, das psychotisch ist, unterschieden werden können.   ✓   ✓   ___

2. Unabhängig von Unterrichtsinhalt und Schulstufe sollen zehn Beispiele von Schulübungen beschrieben werden können, die das Lernen fördern und zehn Beispiele von Schulübungen, die Lernen behindern oder stören.   ✓   ✓   ✓

3. Ein mehrstimmiges zweiteiliges Stück kann dreimal gehört werden; dann soll festgestellt werden können, ob eine einmal für sich vorgespielte Melodie in dem zweiteiligen mehrstimmigen Stück vorkam oder nicht.   ✓   ✓   ___

Kommentar

1. Hier ist eine Tätigkeit beschrieben (unterscheiden von Verhaltensbeschreibungen), und es ist zumindest eine Bedingung benannt (eine vorgelegte Liste mit Beschreibungen menschlichen Verhaltens). Es wird nichts darüber gesagt, woran wir erkennen, daß die Unterscheidungsfertigkeit gut genug ist, um als ausreichend zu gelten. Wie stehen Sie dazu? Meinen Sie, daß man auf ein Kriterium *schließen* kann? Möglicherweise. Aber was heißt schließen. Eine Schlußfolgerung ist eine Vermutung über etwas, das hier nicht offen gesagt ist. Und wenn eine Schlußfolgerung eine *Vermutung* und nicht eine genaue Angabe ist, so können Ihre und meine Vermutungen durchaus unterschiedlich sein und zwar in Abhängigkeit von den Kenntnissen, Erfahrungen und Voreingenommenheiten, mit denen wir unsere Schlußfolgerungen ziehen. Also können Sie möglicherweise ein Kriterium erschließen – aber möglicherweise stehen Sie damit allein. Da also kein Kriterium *genannt* ist, spielt es keine Rolle, ob unsere Schlußfolgerungen übereinstimmen oder nicht. Schlußfolgerung und ausdrückliche Benennung sind nicht dasselbe – und in diesem Fall ist kein Kriterium ausdrücklich benannt.

2. Tätigkeit: Beschreiben. Bedingungen: unabhängig von Unterrichtsinhalt und Schuljahr. Kriterium: Beschreibung von zehn Beispielen zu jeder der beiden Kategorien.

3. Auch hier werden Tätigkeiten und Bedingungen genannt. Ein Kriterium ist wiederum erschließbar, aber nicht beschrieben. Wenn die Wahrscheinlichkeit gering ist, daß es unterschiedliche Auffassungen über die Art der Schlußfolgerung gibt, mag die Zielbeschreibung stehen bleiben wie sie ist. Aber die Möglichkeit von Mißverständnissen könnte durch einige weitere Wörter verringert werden, die die Absicht des Verfassers bezüglich des Kriteriums für eine akzeptable Ausführung klar erkennen lassen.

Tätigkeit   Bedingungen   Kriterium

4. Nach 20 Minuten Unterricht und einer Laborübung soll ein Verständnis für die Unterschiede zwischen Eruptivgestein, metamorophem Gestein und Sedimentgestein entwickelt werden können. Kriterium: 80% richtige Antworten.

———   ———   ———

5. Die folgenden anatomischen Strukturen sollen richtig lokalisiert werden: Ovarium, Ligamente der Ovarien, Eileiter, Gebärmutter.

4. Sie sind auf diesen Fehler hoffentlich nicht hereingefallen? Hier wird ein Unterrichtsverfahren beschrieben; hier werden keine Bedingungen beschrieben, unter denen die Tätigkeit ausgeübt werden soll. Keine Tätigkeit wird benannt. Und was könnte dann wohl die Aussage „80% richtige Antworten" bedeuten? Das ist etwa so als würde man sagen, „die Weltprobleme verstehen können. Kriterium: 80% richtige Antworten". Allein dadurch, daß man etwas als Kriterium bezeichnet, wird es noch nicht dazu. Andererseits könnte ich verstehen, wenn Sie argumentieren, daß es ein Kriterium ist, aber in dem vorliegenden Zusammenhang kein sinnvolles.

5. Hier wird die Hauptabsicht benannt (aber es fehlt ein Indikatorverhalten, das uns sagt, woran wir merken, daß die Lokalisierung richtig ist) und es wird uns gesagt, wie gut der Ausführende die Sache ausführen muß (vier anatomische Strukturen richtig lokalisieren). Aber dadurch, daß keine Bedingungen angegeben sind, kann Verwirrung entstehen. Sollen die Gebilde in einem Schaubild, in einer aufgeschnittenen Katze oder in einer lebenden Frau lokalisiert werden? Das würde ja wohl einen Unterschied machen.

Weiter auf Seite 113.

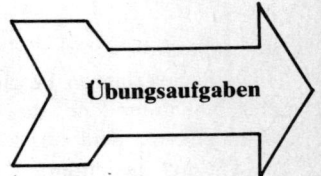

Übungsaufgaben

Hier einige weitere Aufgaben. Markieren Sie bitte wieder in der entsprechenden Spalte, ob die Formulierung eine Tätigkeit, Bedingungen oder ein
Kriterium enthält.

	Tätigkeit	Bedingungen	Kriterium

1. Der Lernende wird die den örtlichen Bestimmun-
   gen entsprechenden grundlegenden gesundheits-
   dienstlichen Normen für die Nahrungsmittelindu-
   strie lernen.

2. Wenn die Preise für zwei verschieden große
   Abpackungen eines Produkts und die Mengen-
   angaben für den Inhalt jeder Packung vorliegen,
   soll der auf die Einheit bezogene Preis für jede
   Packung errechnet und ermittelt werden können,
   welche Packung für den Kauf am wirtschaftlich-
   sten ist. Gleiche Qualität der Produkte wird
   vorausgesetzt.

3. Auf Grund einer Tabelle, die angibt, welche
   Mengen Verbraucher bei verschiedenen Preisen
   eines Produkts kaufen, soll die Bedarfkurve ge-
   zeichnet werden können.

4. Alle Rechte, die in der „Bill of Rights" garantiert
   werden, niederschreiben.

5. Richtige und falsche Verfahren für das Plazieren
   und Entfernen der Urinflasche bei Patienten, die
   (a) hilflos sind, (b) mithelfen können, sollen
   erkannt werden.

   Beispielaufgabe
   Sehen Sie sich die Fotos in Umschlag A an und
   machen Sie ein Kreuz auf denen, die falsches
   Plazieren und Entfernen der Urinflasche zeigen.

Weiter auf Seite 114.

	Tätigkeit	Bedingungen	Kriterium
1. Der Lernende wird die den örtlichen Bestimmungen entsprechenden grundlegenden gesundheitsdienstlichen Normen für die Nahrungsmittelindustrie lernen.	—	—	—
2. Wenn die Preise für zwei verschieden große Abpackungen eines Produkts und die Mengenangaben für den Inhalt jeder Packung vorliegen, soll der auf die Einheit bezogene Preis für jede Packung errechnet und ermittelt werden können, welche Packung für den Kauf am wirtschaftlichsten ist. Gleiche Qualität der Produkte wird vorausgesetzt.	✓	✓	—
3. Auf Grund einer Tabelle, die angibt, welche Mengen Verbraucher bei verschiedenen Preisen eines Produkts kaufen, soll die Bedarfskurve gezeichnet werden können.	✓	✓	—

Kommentar

1. Dies ist wieder eine nichtssagende Formulierung. Immerhin wird der Schüler etwas lernen. Wie schön. Aber was kommt bei diesem Lernen heraus? Bisher haben wir keinen Zugang zu diesem Geheimnis. Keine Tätigkeit ist beschrieben, es lohnt keine weitere Mühe.

2. Hauptabsicht: den Preis der Einheit berechnen können. Bedingungen: Preise und Mengen für zwei Abpackungen sind gegeben. Aber wie gut muß die Rechnung ausgeführt werden? Wir erfahren es nicht.

3. Dasselbe Problem. Hauptabsicht und Bedingung sind genannt, aber keine offene Information über die gewünschte Qualität der Ausführung. Nun gut, wenn es sich um Arithmetik handelt, unterstellen wir im allgemeinen, daß die Rechnungen richtig sein müssen; man könnte also sagen, daß ein Kriterium erschließbar ist. Aber muß es in jedem Fall richtig sein? Wären nicht acht richtige Ergebnisse bei zehn Aufgaben ausreichend (damit das Unterrichtsziel erreicht ist)? Wie wäre es mit sechs richtigen Lösungen von zehn? Wer bietet mehr? Letzten Endes sind nur richtige Antworten eine härtere Anforderung als einige richtige, und es wäre sicher gut zu wissen, was hier erwartet wird. Und merken Sie sich die Regel: Solange es Platz für unterschiedliche Auffassungen gibt, nicht argumentieren, sondern festlegen!

	Tätigkeit	Bedingungen	Kriterium
4. Alle Rechte, die in der „Bill of Rights" garantiert werden, niederschreiben.	✓	—	✓

5. Richtige und falsche Verfahren für das Plazieren und Entfernen der Urinflasche bei Patienten, die (a) hilflos sind, (b) mithelfen können, sollen erkannt werden.

Beispielaufgabe
Sehen Sie sich die Fotos in Umschlag A an und machen Sie ein Kreuz auf denen, die falsches Plazieren und Entfernen der Urinflasche zeigen.   ✓   ✓   —

4. Dies sieht klar und direkt aus, kann aber verbessert werden. Hauptabsicht: Erinnern, welche Rechte die „Bill of Rights" garantiert. Indikatorverhalten: aufschreiben. Kriterium: Alle Rechte müssen aufgeschrieben werden. Wenn eines ausgelassen wird, ist die Tätigkeit nicht ausreichend. Aber was ist mit den Bedingungen? Müssen wir das ohne Hilfsmittel tun, oder können wir Notizen benutzen? Haben wir eine Abschrift der „Bill of Rights" vor uns liegen? Einige wenige Wörter könnten hier helfen, die Absicht zu klären.

5. Dies ist recht gut. Hauptabsicht: unterscheiden (erkennen). Indikatorverhalten: Markieren von Fotos. Bedingungen: Vorgelegt werden Fotos mit Situationen. Kriterium: Nicht genannt – vielleicht erschließbar, aber nicht formuliert. Wie gut müssen wir unterscheiden können, damit wir als kompetent angesehen werden? Wir wissen es nicht.

Versuchen Sie sich nun an der Überarbeitung einiger Zielbeschreibungen, die verbesserungsbedürftig sind.
Weiter auf Seite 119.

Prüfliste für den Entwurf von Zielbeschreibungen!

Damit Ihre Zielbeschreibungen das vermitteln, was sie vermitteln sollen, überprüfen Sie bitte, ob sie die folgenden Fragen möglichst eindeutig beantworten:

1. *Ist Ihre Hauptabsicht ausgedrückt?*
2. *Wenn Ihre Hauptabsicht sich auf ein nicht geäußertes Verhalten bezieht, ist ein Indikatorverhalten genannt?*
3. *Ist dieses Indikatorverhalten das einfachste und unmittelbarste, das Sie sich vorstellen können?*
4. *Haben Sie beschrieben, was dem Lernenden zur Verfügung steht oder was er nicht benutzen darf, wenn er zeigt, daß er das Unterrichtsziel erreicht hat?*
5. *Haben Sie beschrieben, wie gut der Lernende die Tätigkeit ausführen muß, damit seine Leistung als akzeptabel gelten kann?*

Die Beschreibung eines Unterrichtsziels enthält:

Die Beschreibung eines beabsichtigten Ergebnisses.
Die Beschreibung des beabsichtigten Ergebnisses in Form der Beschreibung der Tätigkeit des Lernenden.
Beschreibt die beabsichtigte Tätigkeit des Schülers zu dem Zeitpunkt, zu dem Ihr Einfluß auf ihn endet (am Ende Ihres Unterrichts).
Beschreibt die Tätigkeit des Lernenden und nicht die Tätigkeit des Lehrers oder das Unterrichtsverfahren.

Überarbeitungsübung

Unten auf der Seite finden Sie einige Beschreibungen von Unterrichtszielen, die reparaturbedürftig sind. Sie können überflüssige Worte enthalten, falsche Gegebenheiten oder bedeutungsleere Phrasen. Streichen Sie diese aus. In einer Beschreibung können ein oder mehrere Merkmale brauchbarer Zielbeschreibungen nicht erfüllt sein. Setzen Sie diese ein. Wenn Sie mit dem Gegenstand einer Zielbeschreibung nicht vertraut sind und es fehlt Ihnen eine Bedingung oder ein Kriterium, treffen Sie einfach eine Ihnen vernünftig erscheinende Entscheidung.
Die Prüfliste auf der gegenüberliegenden Seite mag Ihnen helfen.

---

1. Nach drei Wochen Ausbildung über Transportfragen in der Lage sein, Transportmittel nach solchen, die in erster Linie für den Transport von (a) Gütern und (b) Personen gebaut sind, unterscheiden können.

2. Einen Reifenwechsel an einem Wagen durchführen.

3. Ein grundlegendes Verständnis der Verfahren für das Führen eines Interviews entsprechend der Norm cs/30 unseres Meinungsforschungsinstituts erkennen lassen.

4. Wissen, wie ein Toaster wirkt.

5. Nach einer fünfminütigen Unterweisung die Körpertemperatur eines Patienten messen können.

Wenn sie Ihre Reparaturen ausgeführt haben, schlagen Sie bitte Seite 120 auf.

120

Wie haben Sie abgeschnitten?

Ihre Zielbeschreibungen sehen wahrscheinlich etwas anders aus, als meine. Das macht nichts. Schließlich gibt es viele verschiedene Möglichkeiten, dasselbe zu sagen. Hier kommt es nur darauf an, ob Ihre Zielbeschreibungen klar sind und ob sie die für eine brauchbare Zielbeschreibung notwendigen Bestandteile enthalten.

1. *Nach drei Wochen Ausbildung über Transportfragen in der Lage sein, Transportmittel nach solchen, die in erster Linie für den Transport von (a) Gütern und (b) Personen gebaut sind, unterscheiden können.*

Diese Zielbeschreibung zu einem Sozialkundelehrgang ist gar nicht so übel, aber sie beginnt mit einer falschen Gegebenheit. Der erste Teil sagt nichts darüber aus, was der Schüler tun können soll; hier wird nur gesagt, daß es drei Wochen Unterricht gibt. Was aber, wenn nur fünf Minuten Unterricht nötig sind – oder überhaupt kein Unterricht? Wenn Sie zulassen, daß Aussagen über Unterrichtsverfahren in einer Zielbeschreibung enthalten sind, beschränken Sie das Können und den Einfallsreichtum des Lehrers für das Erreichen des Unterrichtsziels in völlig überflüssiger Weise. Also streichen Sie's.
Jetzt kommen wir zum Wesentlichen. Eine Tätigkeit ist genannt (klassifizieren). Da es sich hier um ein nicht geäußertes Verhalten handelt, wäre es hilfreich, ein Indikatorverhalten anzugeben. Eine weitere Frage: Womit arbeitet der Lernende, wenn er die Tätigkeit ausführt? Liegt ihm eine Liste von Transportmitteln vor? Liegen ihm Fotos vor? Liegt ihm vielleicht gar nichts vor? Es wäre hilfreich, darüber etwas zu erfahren. Schließlich, wie gut muß der Lernende klassifizieren können? Fügen Sie so etwas wie ein Kriterium an. Vielleicht sieht Ihre Zielbeschreibung dann etwa so aus:

Auf einer vorgelegten Liste verbreiteter Transportmittel sollen solche, die in erster Linie für die Bewegung von (a) Gütern und (b) Personen gebaut sind, klassifiziert werden. Kriterium: Alle zum Transport von Personen gebauten Verkehrsmittel müssen richtig klassifiziert werden.

2. Einen Reifen an einem Wagen wechseln können.

Gar nicht so schlecht. Wir erkennen die Tätigkeit, und diese Tätigkeit wird geäußert (ist sichtbar), und wir wissen ein wenig über die Bedingungen. Aber bedeutet das, daß die Lernenden jeden Reifen an jedem beliebigen Auto wechseln können sollen? Sollen sie dies mit bloßen Händen und ohne Montiereisen tun? Dürfen sie den ganzen Tag darauf verwenden? Wenn Ihre überarbeitete Fassung diese Fragen beantwortet, ist sie in Ordnung. Hier ist mein Vorschlag:

Mit dem Werkzeugsatz zu einem beliebigen Automobil, das weniger als zehn Jahre alt ist und mit einem Wagenheber sowie einem Reserverad mit richtigem Luftdruck ausgerüstet ist, soll ein beliebiger der vier Reifen eines Wagens innerhalb von dreißig Minuten ausgewechselt werden können.

3. Ein grundlegendes Verständnis der Verfahren für das Führen eines Interviews entsprechend der Norm cs/30 unseres Meinungsforschungsinstituts erkennen lassen.

Diese Zielbeschreibung beginnt mit sehr üblich gewordenem Pauker-chinesisch, das entfernt werden muß. Regel: Was nicht zu verstehen ist, wird gestrichen. In diesem Fall haben wir zu entscheiden, was wir unter „verstehen" verstehen wollen. Vielleicht haben Sie entschieden, daß hier gemeint ist, das Verfahren beschreiben können oder die Anwendung des Verfahrens beobachten können sowie erkennen, wann es richtig oder falsch ausgeführt wird. Vielleicht haben Sie auch entschieden, daß es hier bedeutet, das Interviewverfahren selber anzuwenden und auszuführen. Da uns die Bedeutung nicht verraten wird, müssen wir eben selbst entscheiden. (Im Ernstfall würden wir eine Zielanalyse oder ein entsprechendes Verfahren anwenden und die der jeweiligen Situation angemessene Bedeutung ermitteln.) Meine Version sähe etwa wie folgt aus:

Jeden in Frage kommenden Bewerber entsprechend der Unternehmensnorm cs/30 interviewen können. Kriterium: Vier von fünf interviewten Bewerbern sollen entsprechend der Norm fehlerfrei interviewt sein.

4. Wissen, wie ein Toaster wirkt.

Hier haben wir dasselbe Problem. Was heißt „wissen"? Soll die Wirkungsweise beschrieben werden? Soll einer gebaut werden? Soll einer repariert werden? Wir erfahren es nicht und müssen deshalb selbst entscheiden. Ich habe entschieden, daß die Fertigkeit, um die es hier geht, reparieren ist, und habe die Beschreibung wie folgt geändert:

Ein Toaster einer beliebigen Marke soll repariert werden können, wenn alle notwendigen Werkzeuge, Ersatzteile und Nachschlagewerke vorhanden sind. Das reparierte Gerät muß entsprechend den Angaben des Herstellers funktionstüchtig sein.

5. Nach einer fünfminütigen Unterweisung die Körpertemperatur eines Patienten messen können.

Hier haben wir wieder eine falsche Gegebenheit. Wer bereits weiß, wie das gemacht wird, benötigt keine Vorlesung oder Unterweisung. Da der Zweck einer Zielbeschreibung darin liegt, zu beschreiben, was die Lernenden tun können sollen, ist der Unsinn am Anfang zu streichen. Dann bleibt übrig „die Körpertemperatur eines Patienten messen können".

Das ist gar nicht so schlecht. Was sollte weiter gesagt werden, um die Absicht zu klären? Wir könnten angeben, wo die Temperatur gemessen werden soll, womit sie gemessen werden soll und bei wem sie gemessen werden soll. An einer richtigen lebenden Person? An einer Puppe? Ich würde die Sache wie folgt beschreiben:

Mit einem beliebigen Fabrikat eines oralen Thermometers soll die orale Temperatur eines beliebigen Patienten auf 0,5 Grad Celsius genau gemessen werden können. (Die Genauigkeit wird dadurch bestimmt, daß Ihre Ablesungen mit denen zweier Lehrer verglichen werden.)

9. Selbsttest

Auf den folgenden Seiten finden Sie einen kurzen Selbsttest an dem Sie die in diesem Buch erworbenen Fertigkeiten im Erkennen der Merkmale von Zielbeschreibungen erproben können. Beantworten Sie alle Fragen und vergleichen Sie Ihre Antworten anschließend mit den auf Seite 126 bis 131 gegebenen. Beispielsweise werden Sie eine Formulierung wie die Beschreibung des Unterrichtsziels für dieses Buch finden, die, wie Sie sich erinnern werden, wie folgt lautete:

Wenn Ihnen eine beliebige Zielbeschreibung aus einem Ihnen vertrauten Sachgebiet vorgelegt wird, werden Sie in jedem Fall in der Lage sein, die Tätigkeit, die Bedingungen ihrer Ausführung und die Kriterien für eine akzeptable Leistung zu erkennen (benennen), sofern einige oder alle dieser Merkmale vorhanden sind.

Sie werden dann aufgefordert anzugeben, ob auf diese Zielbeschreibung jedes der drei gewünschten Merkmale zutrifft.

In diesem Fall allerdings muß ich mein Kriterium ein wenig herabsetzen, obgleich ich durchaus möchte, daß Ihre Fertigkeit perfekt ist. Warum? Weil eine der in der Zielbeschreibung genannten Bedingungen ist, daß die Fertigkeit an Zielbeschreibungen „aus einem Sachgebiet, mit dem Sie vertraut sind" praktiziert wird; einige der im folgenden gestellten Aufgaben mögen duchaus Sachgebiete betreffen, die Ihnen nicht vertraut sind. Aus diesem Grunde können Sie sich schon dann als kompetent ansehen, wenn Sie mindestens 43 der 50 möglichen Entscheidungen richtig getroffen haben (d. h., daß 43 der 50 Plätze für eine Markierung richtig markiert bzw. nicht markiert sind), und Sie sollten in der mit „Tätigkeit" überschriebenen Spalte nicht mehr als einen Fehler machen.

Nun geht's ran.

124

124

Selbsttest

A) Sind in den folgenden Formulierungen Tätigkeiten genannt? Geht aus jeder wenigstens hervor, was der Lernende tun wird, wenn er zeigt, daß er das Unterrichtsziel erreicht hat?

	Nennt eine Tätigkeit	
	Ja	Nein
1. Die Prinzipien der Verkaufstechnik verstehen.	——	——
2. Drei Beispiele für logische Trugschlüsse aufschreiben.	——	——
3. Die Bedeutung des Ohm'schen Gesetzes verstehen können.	——	——
4. Die Knochen des Körpers benennen können.	——	——
5. Die Notwendigkeiten der Sozialfürsorge kennen, die sich aus Belastungen in bestimmten Lebenssituationen und aus üblichen Krankheitserscheinungen ergeben.	——	——
6. Die Schauspiele Shakespeares wirklich verstehen können.	——	——
7. Zielbeschreibungen, die eine Aussage über die angestrebte Tätigkeit enthalten, als solche erkennen (markieren).	——	——
8. Erkennen können, daß die praktische Anwendung demokratischer Ideale Zeit, Anpassung und dauernde Anstrengung fordert.	——	——
9. Die Fähigkeit anderer schätzen, sich als intelligente Zuschauer zu verhalten.	——	——
10. Die Indikationen für die Anwendung eines Schrittmachers beschreiben.	——	——

B) Lesen Sie die folgenden Beschreibungen. Machen Sie einen Haken in der entsprechenden Spalte für jedes Merkmal einer brauchbaren Zielbeschreibung, das der jeweiligen Beschreibung zukommt.

	Tätigkeit	Bedingungen	Kriterium
11. Kenntnis der Prinzipien des Magnetismus zeigen.	___	___	___
12. Einen Aufsatz über die Evolution der Arten schreiben.	___	___	___
13. Mit geeigneten Nachschlagewerken jedes Zeichen auf einem von zwanzig Schaltplänen richtig benennen.	___	___	___
14. Die Schritte zur Entwicklung einer Schaltskizze beschreiben können.	___	___	___
15. Auf dem 25-Yards-Schießstand sollen Sie Ihren Dienstrevolver ziehen und innerhalb von drei Sekunden fünf Schüsse aus der Hüfte schießen. Alle Schüsse müssen die übliche Zielfigur treffen.	___	___	___
16. Die Hauptregeln der Grammatik gut kennen.	___	___	___
17. Die Hauptereignisse im Zusammenhang mit einem Unfall mündlich beschreiben können; einen üblichen Unfallbericht ausfüllen können.	___	___	___
18. Einen zusammenhängenden Aufsatz mit dem Thema „Wie beschreibt man Unterrichtsziele für einen Lehrgang zum Rechtsverständnis?" schreiben können. Eigene Aufzeichnungen und beliebige andere Hilfsmittel sind erlaubt.	___	___	___
19. Logisches Vorgehen bei der Lösung von Personalproblemen planen können.	___	___	___
20. Ohne Hilfsmittel sollen drei verbreitete Gesichtspunkte zum Thema rassischer Über- oder Unterlegenheit beschrieben werden, die durch vorliegende Forschungsergebnisse nicht gestützt werden.	___	___	___

126

Wie haben Sie abgeschnitten?

Nennt eine Tätigkeit

	Ja	Nein
1. Die Prinzipien der Verkaufstechnik verstehen.		✓
2. Drei Beispiele für logische Trugschlüsse (aufschreiben).	✓	
3. Die Bedeutung des Ohm'schen Gesetzes verstehen können.		✓
4. Die Knochen des Körpers (benennen) können.	✓	
5. Die Notwendigkeiten der Sozialfürsorge kennen, die sich aus Belastungen in bestimmten Lebenssituationen und aus üblichen Krankheitserscheinungen ergeben.		✓
6. Die Schauspiele Shakespeares <u>wirklich</u> verstehen können.		✓
7. Zielbeschreibungen, die eine Aussage über die angestrebte Tätigkeit enthalten, als solche (erkennen *(markieren)*.	✓	
8. Erkennen können, daß die praktische Anwendung demokratischer Ideale Zeit, Anpassung und dauernde Anstrengung fordert.		✓
9. Die Fähigkeit anderer schätzen, sich als intelligente Zuschauer zu verhalten.		✓
10. Die Indikationen für die Anwendung eines Schrittmachers (beschreiben).	✓	

A) Kommentar

1. Hier wäre eine Zielanalyse notwendig, um zu bestimmen, was „verstehen" bedeutet.

2. Es ist zu erkennen, ob jemand schreibt, also handelt es sich um eine Tätigkeit.

3. Dasselbe Problem wie in Aufgabe 1.

4. Benennen ist eine Tätigkeit; Sie können erkennen, ob sie ausgeführt wird.

5. Dasselbe Problem wie in Aufgabe 1. Eine bedeutende Zielsetzung – vielleicht – aber sie erfüllt nicht die Anforderungen an eine Zielbeschreibung.

6. Durch Unterstreichen werden Dinge nicht genauer – und das ist <u>wirklich wahr</u>.

7. Erkennen ist eine nicht geäußerte Tätigkeit, die direkt durch ein einziges Indikatorverhalten überprüft werden kann, nämlich durch Einkreisen oder Unterstreichen oder Ankreuzen.

8. Nun gut, vielleicht ein wichtiger Gedanke, aber was tue ich, wenn ich erkenne, daß die Anwendung von Idealen Zeit kostet?

9. Sie haben sich nicht durch „sich als intelligente Zuschauer zu verhalten" hereinlegen lassen? Was tue ich, wenn ich mich verhalte? Schimpfen? Den Schiedsrichter mit Flaschen bewerfen? Ruhig sitzen? Wir erhalten keinerlei Hinweis.

10. Beschreiben ist eine Tätigkeit. Wir erfahren zwar nicht, ob mündlich oder schriftlich beschrieben wird, aber in jedem Fall wäre Beschreiben eine Tätigkeit.

Tätigkeiten sind eingekringelt.
Bedingungen sind unterstrichen.
Kriterien sind kursiv gedruckt.

	Tätigkeit	Bedingungen	Kriterium
11. Kenntnis der Prinzipien des Magnetismus zeigen.	—	—	—
12. Einen Aufsatz über die Evolution der Arten schreiben.	✓	—	—
13. Mit geeigneten Nachschlagewerken *jedes Zeichen auf einem von zwanzig Schaltplänen richtig* benennen.	✓	✓	✓
14. Die Schritte zur Entwicklung einer Schaltskizze beschreiben können.	✓	—	—
15. Auf dem 25-Yard-Schießstand sollen Sie Ihren Dienstrevolver ziehen und *innerhalb von drei Sekunden* fünf Schüsse aus der Hüfte schießen. *Alle Schüsse müssen die übliche Zielfigur treffen.*	✓	✓	✓
16. Die Hauptregeln der Grammatik gut kennen.	—	—	—
17. Die Hauptereignisse im Zusammenhang mit einem Unfall mündlich beschreiben können; einen üblichen Unfallbericht ausfüllen können.	✓	✓	—

B) Kommentar

11. Das Wort „zeigen" ist hier die Falle, die uns häufig dazu verführt, zu meinen, hier sei etwas Eindeutiges ausgesagt.

12. Vielleicht unterstellen Sie, daß das Aufschreiben ohne Hilfsmittel geschehen muß, aber diese Bedingung ist nicht genannt. Ebensowenig erfahren wir, nach welchen Gesichtspunkten entschieden wird, ob der Schreiber sich als kompetent ausgewiesen hat oder nicht.

13. Hier wird etwas über die Tätigkeit ausgesagt, über die Bedingungen und über das Kriterium. Hier könnte es sich um ein Ziel handeln, das auf der untersten Ebene einer Zielhierarchie einzuordnen wäre – es kann sich also um eine sehr weit unten einzuordnende Fertigkeit handeln – aber es ist eine Zielbeschreibung.

14. Hier könnten Sie den Eindruck haben, daß ein Kriterium zu erschließen ist. Es wird gesagt, daß die Schritte aufgeschrieben werden sollen und man könnte dies lesen als „alle Schritte sollen richtig aufgeschrieben werden". Aber auch dann kann es immer noch etwas anderes Bedeuten. Wenn nur wenige Worte nötig wären, um das Kriterium klar zu benennen, so ist es besser sie anzufügen und sich nicht auf Schlußfolgerungen zu verlassen.

15. Vielleicht stimmen Sie dem Zweck der Zielbeschreibung nicht zu, dennoch ist die Formulierung als Zielbeschreibung gut.

16. Unterstreichen trägt <u>nichts</u> zur Genauigkeit bei.

17. Auch hier könnten Sie „fehlerfrei" hineinlesen. Ich würde das nicht tun, denn ich unterstelle niemals, daß absolute Perfektion gefordert ist, wenn sie nicht ausdrücklich genannt wird. Absolute Perfektion ist selten eine realistische Erwartung.

	Tätigkeit	Bedingungen	Kriterium

18. Einen zusammenhängenden Aufsatz mit dem Thema ,,Wie beschreibt man Unterrichtsziele für einen Lehrgang zum Rechtsverständnis?" schreiben können. Eigene Aufzeichnungen und beliebige andere Hilfsmittel sind erlaubt.

    ✓   ✓   —

19. Logisches Vorgehen bei der Lösung von Personalproblemen planen können.

    —   —   —

20. Ohne Hilfsmittel sollen *drei verbreitete Gesichtspunkte* zum Thema rassischer Über- oder Untergelegenheit beschrieben werden, *die durch* vorliegende Forschungsergebnisse nicht gestützt *werden.*

    ✓   ✓   ✓

18. Was heißt hier zusammenhängend? Woran würden wir den Zusammenhang erkennen, wenn wir ihn sähen. Es wird uns nicht gesagt.

19. Oh, wie schön. Eine weitere wohlklingende Formulierung aber keine Zielbeschreibung.

20. Diese Formulierung ist raffiniert. Wie gut muß die Beschreibung gemacht werden? Nun, es müssen drei Gesichtspunkte beschrieben werden, die nicht durch Forschungsergebnisse gestützt sind. Das sagt nicht viel über ein Kriterium – ich geb's ja zu – aber es ist ein Anfang.

Wie gut waren wir?

Zum Vergleich Ihrer Leistungen mit dem Kriterium, tun Sie Folgendes:

1. Umkringeln Sie jede Stelle, die Sie leer gelassen haben, obgleich sie eine Markierung haben sollte.
2. Umkringeln Sie ebenso die Stellen, die Sie markiert haben, die aber frei bleiben sollten.
3. Summieren Sie die eingekringelten Stellen (Fehler). Wenn es insgesamt weniger als sieben sind und wenn darunter höchstens einer ist, der die Benennung oder Nicht-Benennung einer Tätigkeit betrifft, so können Sie sich als kompetent im Erkennen des Vorhandenseins oder Fehlens der Merkmale einer brauchbaren Zielbeschreibung ansehen.

Haben Sie mehr Fehler gemacht als nach diesem Kriterium zulässig, sollten Sie vielleicht die (bzw. das) Kapitel, die (das) die entsprechenden Merkmale behandeln(t), noch einmal bearbeiten.

Ein abschließender Gedanke. Sie sind jetzt ausreichend vorbereitet, um mit dem Entwerfen eigener Zielbeschreibungen zu beginnen. Sie sollten mit diesen ebenso kleinlich sein, wie Sie es mit meinen waren.

Die Verewigten

„Professor! Professor!" rief der zweite Ausgrabungsassistent. „Ich glaube, wir haben etwas gefunden."

„Oh", antwortete der Professor und erhob sein archäologisches Haupt aus dem archäologischen Staub, „Was ist es?"

„Es ist ein großer Stein mit einer Inschrift", regte sich der Assistent begeistert auf.

„Vielleicht ist es ein weiterer Teil zu dem großen Rezept des Lebens."

„Lassen Sie mich sehen", sagte der Professor während er sein riesiges Vergrößerungsglas hob.

„Nein, nein, ich glaube Sie irren sich. Sehen Sie diese Zeichen? Das sind Namen von Menschen."

„Menschen?", fragte der Assistent. „Was für Menschen?"

„Hmm", antwortete der Große sachkundig.

„Es sieht so aus, als handele es sich um die Namen von Menschen, die zur Gestaltung und Fertigstellung eines Buches beigetragen haben."

„Warum sollte jemand ihre Namen in Stein meißeln?", fragte der Assistent.

„Nun", antwortete der Professor, „hier wird gesagt, daß der Autor niemanden vergessen wollte, der dazu beigetragen hat, aus seinen Worten eine ansprechende Darstellung zu formen. Er wollte, daß die Welt jeden von ihnen in Erinnerung behält und weiß, was er zu seinem Werk beigetragen hat."

„Was haben sie denn beigetragen?", fragte der Assistent und rückte etwas näher, um die Sache besser betrachten zu können.

„Eine ganze Menge, wenn man diesen Hieroglyphen glauben darf. So wird hier beispielsweise gesagt, daß Dave Cram, Margo Hicks und John Warriner etwas damit zu tun hatten, daß das Manuskript einen Zusammenhang hatte. Zusammenhangsprüfung ist der Begriff, der hier benutzt wird."

„Dann werden einige Leute genannt, die dazu beigetragen haben, sicherzustellen, daß das Buch den Zweck erfüllte, den es erfüllen sollte. Dies wird hier Ergebnisprüfung genannt. Hier werden Maryjane Rees, John Alson, Joe De Hazes, Jeanette Hânne, Grant Bodwell, Michael Hanau, Jerry Tuller und Jean White genannt."

„Dann werden diejenigen aufgeführt, die an so was wie einer – na ja – einer Darstellungsprüfung beteiligt waren. Offensichtlich um sicherzustellen, daß das Buch nicht zufällig irgendwelche Sackgassen oder Abschweifungen enthält. Ihre Namen sind Billy Koscheski, Elizabeth Epperson, Pauline Stone, Ann Redl, Dick Niedrich, Andy Stevens, Jane Kilkenny und Marilyn Mc Elhaney."

„Diane Pope wird in sehr tief eingravierten Buchstaben erwähnt, weil sie ein Beispiel beigetragen hat. Jeanne Mager wird als Obersteinmetz genannt."

„Sehen Sie hier!", schrie der Assistent. „Hier sind einige Worte in einen Rahmen eingemeißelt. Was bedeuten sie?"

„Das", setzte der Professor fort und versuchte, seine Nase durch das Vergrößerungsglas hindurchzustecken, „sind die Namen derjenigen, die den Umschlagentwurf des Buches geprüft haben. Es sind Frank Sedei, John Gray, Karen Schwartz, Sue Markle, Jim Straubel, Mike Nisos, Roger Kaufman, Margo Hicks, Bob Morgan, Al Collins, Joan Fleetwood, Stephen Daeschner, Bob Reichard, Harold Stolovitch, Wally Stauffer und Jan Kaufmann."

„O je, o je!", stöhnte der Assistent.

„Dieser Autor scheint aber auch nichts alleine gemacht zu haben."

„Vielleicht nicht", war die Antwort.

„Aber hier wird gesagt – sehen Sie diese große Einmeißelung – daß diejenigen, die anderen etwas antun, berücksichtigen sollten, was diese anderen haben wollen. Das ist der Grund, warum diese Leute gebeten waren, sich an dem Manuskript zu versuchen. Sie haben dazu beigetragen, die Botschaft dieses Buches verständlicher zu machen ... und das ist der Grund, warum ihre Namen in Stein gemeißelt wurden."